Krimigeschichten

Lesemotivation steigern durch 3 spannende Fälle

1. Auflage 2023

Inhalt: Sabrina Hinrichs
Umschlagbild: © James Steidl, MicroOne – AdobeStock.com
Redaktion: Kohl-Verlag
Grafik & Satz: Tatjana Wörner & Kohl-Verlag
Druck: Druckhaus Flock, Köln

Bestell-Nr. 15 080

ISBN: 978-3-98558-853-4

Der vorliegende Band ist eine Print-Einzellizenz

Sie wollen unsere Kopiervorlagen auch digital nutzen? Kein Problem – fast das gesamte KOHL-Sortiment ist auch sofort als PDF-Download erhältlich! Wir haben verschiedene Lizenzmodelle zur Auswahl:

	Print-Version	PDF-Einzellizenz	PDF-Schullizenz	Kombipaket Print & PDF-Einzellizenz	Kombipaket Print & PDF-Schullizenz
Unbefristete Nutzung der Materialien	x	x	x	x	x
Vervielfältigung, Weitergabe und Einsatz der Materialien im eigenen Unterricht	x	x	x	x	x
Nutzung der Materialien durch alle Lehrkräfte des Kollegiums an der lizensierten Schule			x		x
Einstellen des Materials im Intranet oder Schulserver der Institution			x		x

Die erweiterten Lizenzmodelle zu diesem Titel sind jederzeit im Online-Shop unter www.kohlverlag.de erhältlich.

Inhalt

Methodisch-didaktische Hinweise

Lesen mit Kopf, Herz und Hand!

Sowohl spannende Geschichten als auch das Lösen von Rätseln faszinieren Kinder. In diesem Buch wird beides miteinander kombiniert. Die SchülerInnen lesen drei Geschichten und lösen dabei jeweils einen Fall. Dabei sind sie aktiv am Finden der Lösung beteiligt, wobei das Legematerial unterstützend zur Verfügung steht.

Zur Verwendung des Legematerials finden Sie nun im Folgenden einige Hinweise:

Die erste Geschichte „**Der ehrliche Dieb**" handelt von einem Fahrraddiebstahl. Am Tatort werden verschiedene Gegenstände gefunden. Das Legematerial besteht aus Legeteilen, die jeweils ein Fundstück zeigen. Sechs Legeteile können zu einem Stern zusammengesetzt werden. Während des Lesens durchsuchen die SchülerInnen die Legeteile nach den Fundstücken. Wurden am Ende alle sechs Legeteile gefunden, ergibt sich auf der Rückseite des Sterns ein Bildercode, der den Täter entlarvt. Diese Geschichte eignet sich auch, um das Thema Personenbeschreibung zu erarbeiten.

Anleitung:

- Entscheiden Sie, in welcher Sozialform Sie arbeiten möchten. Für jeden Schüler/Team/Gruppe benötigen Sie folgendes Set:
  → Die Kopiervorlage (S. 15) in **SW** ausdrucken und dem Schüler/Team/Gruppe austeilen.
  → Die Kopiervorlage (S. 16) **farbig** kopieren und ebenfalls austeilen.
  → Das Legematerial (S. 11-14) **farbig und beidseitig** kopieren. Danach laminieren, ausschneiden und jedem Schüler/Team/Gruppe einen Satz austeilen. Die Teile sollen mit der hellen Seite nach oben auf dem Tisch verteilt werden.
- S. 17 ist die **Lösungsseite**. Auf ihr ist jedem Kinder jeweils ein Bildercode zugeordnet. Sie wird am Ende ausgelegt oder an die Tafel gehängt, sodass die SuS ihr Ergebnis damit vergleichen und somit den Täter herausfinden können.
- Nun lesen die SuS die Geschichte entweder selbst oder die Lehrkraft liest diese laut vor. Zunächst wird das Ende auf Seite 10 weggelassen. Im Laufe der Geschichte werden die abgebildeten Personen von Seite 16 beschrieben. Die Seite 16 dient als Hilfe beim Heraussuchen der Fundstücke. Dabei kann ein Fundstück (das Haargummi) nur mit zur Hilfenahme von Seite 16 gefunden werden. Alle anderen Fundstücke werden im Text ausreichend genau beschrieben, können jedoch zum Teil nicht sofort einem Legeteil eindeutig zugeordnet werden (z. B. die Sonnenbrille: Am Anfang ist entweder blau oder rosa möglich.) Die Fundstücke sind im Text fettgedruckt hervorgehoben und auf den Legeteilen, zum Teil in abgewandelter Form (z. B. andere Farbe, andere Form), abgebildet.
  → Schritt 1.: Wenn die SuS aufmerksam waren, können sie während oder nach dem Vorlesen die passenden Legeteile suchen und auf der oberen Vorlage (Seite 15) passend auflegen.
  → Schritt 2.: Erst wenn alle richtigen Karten gefunden wurden, können diese Karten nun gewendet und auf der unteren Vorlage angeordnet werden **(Dabei auf die Zahlen achten!)**
  → Schritt 3.: Die SuS können nun die Symbole in die Kästchen (S. 15, unten) übertragen und mit der Kopiervorlage (S. 17, Lösung) vergleichen. Wenn sie alles richtig gemacht und die Lösung gefunden haben, können sie den Namen des Täters eintragen.
  Zum Abschluss wird jetzt noch der Lösungstext vorgelesen.

Hinweis für die Lehrkraft: Der obere Legestern auf Seite 11 (mit der Rückseite auf Seite 12) ist die **richtige Lösung** und führt zu **Tine**, der Täterin.

Krimigeschichten
Lesemotivation steigern durch „spannende Fälle" – Bestell-Nr. 15 080

Methodisch-didaktische Hinweise

In der zweiten Geschichte „**Auf Spürnasenjagd**“ können während des Lesens nach und nach immer mehr zunächst mögliche Täter ausgeschlossen werden. Jeder Verdächtige ist bildlich dargestellt und wird zusätzlich auf einer Textkarte beschrieben. Beim Lesen/Vorlesen werden die Bilder der Personen, die als Täter ausgeschlossen werden können, zunächst durchgestrichen. Da der Täter so jedoch nicht ermittelt werden kann, werden im Anschluss die Textkarten den Bildern zugeordnet. Die Rückseiten der Textkarten zeigen den Namen des Täters.

Anleitung:

- Entscheiden Sie, in welcher Sozialform Sie arbeiten möchten. Für jeden Schüler/Team/ Gruppe benötigen Sie folgendes Set:
  → Die Kopiervorlage auf S. 28 **farbig** ausdrucken und dem Schüler/Team/Gruppe austeilen.
  → Das Legematerial (S. 29/30) **farbig und beidseitig** kopieren. Danach laminieren, ausschneiden und jedem Schüler/Team/Gruppe einen Satz austeilen. Die Teile sollen mit der Textseite nach oben auf dem Tisch zu einem Stapel gelegt werden. Das Legematerial sollte erst nach dem Vorlesen (bis auf die Lösung auf S. 27) verwendet werden.
- Nun wird die Geschichte vorgelesen. Zunächst wird das Ende auf Seite 27 weggelassen. Im Laufe der Geschichte werden die Personen beschrieben. Einige Beschreibungen bzw. Hinweise sind auf den Legekarten enthalten. Im Verlauf der Geschichte können nach und nach immer mehr mögliche Täter ausgeschlossen werden. Diese werden auf der S. 28 während des Lesens/Vorlesens durchgestrichen. Das Ergebnis ist, dass kein Täter gefunden werden kann, da alle Personen durchgestrichen werden konnten. Nun kommt das Legematerial (S. 29/30) zum Einsatz. Die Beschreibungen auf den einzelnen Karten sollen den Personen auf S. 28 zugeordnet werden. Sobald alle Karten auf die einzelnen Bilder auf S. 28 gelegt wurden, werden die Karten gewendet und der Name des Täters entsteht: **Dackeldame Daisey**
- Ist der Fall gelöst, können Sie zum Abschluss noch den Lösungstext auf Seite 27 vorlesen.

Methodisch-didaktische Hinweise

Die dritte Geschichte „**Auf Schatzkartensuche**“ handelt von drei Piraten, die eine Schatzkarte finden, die von zwei Möwen zerrissen wird. Die Schatzkartenteile sind kurz darauf auf der gesamten Insel verteilt und werden von den Piraten und den Lesern nach und nach gefunden. Aus jeweils drei Schatzkartenteilen mit der gleichen Nummer müssen die SchülerInnen jeweils eine passende Karte herausfinden. Dabei wird im Verlauf der Geschichte die Schatzkarte vervollständigt.

Anleitung:

- Kopieren Sie die Seiten 51 und 52. Auf diese Unterlagen sollen die gefunden Schatzkartenteile gelegt werden.
- Kopieren Sie die Seite 54 (vergrößert auf DIN A3) in Farbe und auf dickes und stabiles Papier und basteln Sie (mit den SchülerInnen) daraus eine Schatzkiste/ Aufbewahrungsbox für die Legeteile.
- Kopieren Sie die Seiten 45 bis 50 **farbig und beidseitig**. Die drei Seiten werden nun laminiert. Danach werden die einzelnen Schatzkartenteile ausgeschnitten und mit der Bildseite nach oben ausgelegt.
- Beim Lesen/Vorlesen werden – jedes Mal, wenn die Piraten ein Schatzkartenteil finden – aus jeweils drei Kartenteilen (z. B. beim ersten gefundenen Schatzkartenteil, aus den drei Kartenteilen mit der Nummer 1) die passende Karte ausgesucht und auf die Kopiervorlage von Seite 51 gelegt. Später können die Puzzleteile auf die Vorlage auf der Seite 52 gewendet werden, damit der Text auf der Rückseite der Teile gelesen werden kann.
- Wenn gewünscht, können Sie eine Schatzsuche auf dem Schulgelände für die Kinder mit in die Geschichte einbauen (siehe S. 42). Wenn Sie dies nicht möchten, lassen Sie den Textteil in Klammern auf Seite 42 aus. Für die Schatzsuche auf dem Schulgelände können Sie die Kopiervorlage auf Seite 53 verwenden. Zusätzlich benötigen Sie einen Kompass und die gebastelte Schatzbox (Kopiervorlage auf Seite 54) oder eine andere Schatzkiste sowie eine kleine Überraschung für jeden Schüler in der Kiste (z. B. Radiergummis, Stifte, Lesehefte oder ein Gutschein für ein Spiel oder Lied).

Hinweis für die Lehrkraft: Die erste Schatzkarte auf S. 45 (mit der Rückseite auf S. 46) ist die **richtige Schatzkarte**.

Viel Spaß beim Lesen und Lösen der Kriminalfälle wünschen Ihnen und Ihren SchülerInnen das Redaktionsteam des Kohl-Verlags und

Sabrina Hinrichs

Der ehrliche Dieb

Die Sonne scheint und für Ende September ist es noch sehr warm. Lena tritt kräftig in die Pedale, um mit ihren Freunden Tim und Niklas mithalten zu können. Der holprige Waldweg wird immer schmaler und endet schließlich an einem Badesee. Als Lena den See erreicht, haben Tim und Niklas ihre Räder bereits an einen Baum gelehnt. „Da bist du ja endlich!“, ruft Niklas und schüttelt den Kopf, als er sieht, dass Lena ihr Fahrrad abschließen möchte. „Das ist doch Quatsch!“, meint er. „Erstens sind wir hier ganz alleine. Und zweitens können wir die Räder vom Strand aus sehen! Komm lieber schnell mit ins Wasser!“

Lena wirft einen Blick auf den glitzernden See und kann es plötzlich auch kaum erwarten, sich ins kühle klare Wasser zu stürzen. Sie grinst. „Ich bin bestimmt schneller drin als ihr!“, ruft sie, läuft die letzten Meter über den Sandstrand zum Wasser und zieht ihre kurze Hose und ihr T-Shirt aus. Im Bikini, den sie unter ihrer Sommerkleidung getragen hatte, rennt sie dann jubelnd ins Wasser, dicht gefolgt von Tim und Niklas.

Tim

Niklas

Lena

Prustend taucht Tim neben Lena auf. „Schaut mal!“, sagt er kurz darauf. „Wir sind hier gar nicht ganz alleine.“ Tatsächlich sind nur wenige Meter entfernt an einem zweiten Sandstrand mehrere Kinder. „Die kenne ich!“, meint Niklas. „Die sind alle in unserer Parallelklasse!“ Tim nickt. „Das Mädchen mit den braunen Haaren und der blauen Sonnenbrille heißt Merle und wohnt in meiner Straße. Der rothaarige Junge mit den Sommersprossen und der Junge mit den braunen Haaren, den braunen Augen und mit der roten Kapuzenjacke sind beide in meiner Fußballmannschaft.“ Er winkt den Kindern zu. „Mats! Felix!“, ruft er laut, als zunächst niemand zurückwinkt. Auch Lena kennt zwei der Kinder. Kovu, der dunkelhäutige Junge mit den schwarzen Locken, und der blonde, blauäugige Justus sind mit ihrem Bruder befreundet. Außerdem sind zwei weitere Mädchen dabei, die beide eine rosa Sonnenbrille tragen.

Der ehrliche Dieb

Plötzlich beginnt Lena zu frieren. „Das Wasser ist ganz schön kalt." Mit kräftigen Schwimmzügen kehrt sie zum Strand zurück. Bibbernd trocknet sie sich ab und zieht sich schnell ihr T-Shirt und einen warmen Pullover an. Tim und Niklas sind noch im Wasser und scheinen gar nicht zu frieren. Am Strand nebenan packen die Kinder gerade ihre Picknicksachen aus. Lena schaut ihnen zu. Als Kovu ihren Blick bemerkt, winkt er sie zu sich her. Zögernd geht Lena auf die Kinder zu. „Hi!", sagt Kovu, als Lena die Gruppe erreicht. Auch die anderen begrüßen Lena und stellen sich vor. Die Mädchen mit den rosa Sonnenbrillen heißen Tine und Jule. Sie tragen auch beide die gleichen roten Sandalen. „Partnerlook!", kommentiert Jule und grinst. Tine hat allerdings ihre blonden Haare zu einem Zopf gebunden, während Jule ihre langen braunen Haare offen trägt. **Ein drittes** hat eine blaue Sonnenbrille auf und hat ihre Turnschuhe ausgezogen. Auch die vier Jungen sind barfuß und haben ihre Turnschuhe neben die Picknickdecke gestellt. „Jetzt setzt doch mal eure Sonnenbrillen ab", meint Mats, der rothaarige Junge zu den Mädchen. „So hell ist es doch gar nicht mehr!" Jule schüttelt sofort den Kopf und grinst. „Ganz sicher nicht! Sonst würden wir sie bestimmt verlieren, so wie ihr vier!" „Und genau deshalb haben wir Jungs einfach gar keine Sonnenbrillen mehr", erklärt Mats unbeirrt. Justus, der Junge mit den blonden Haaren, hält Lena eine Tüte mit Bonbons entgegen. „Nimm dir gerne mehrere!", fordert er Lena auf. Lena fällt sofort auf, dass es sich um die grünen Bonbons handelt, die sie auch so gerne mag. „Danke! Die grünen finde ich auch am besten!" „Wir auch!", meint Felix. „Wir mögen sie sogar so gerne, dass wir nur noch die grünen essen." Lena greift hinein, um sich drei Bonbons herauszunehmen. Dabei fällt ihr an Justus´ Handgelenk ein braunes Lederarmband auf. Felix scheint ihren Blick bemerkt zu haben. „Die sind cool, oder?", meint er. „Ich habe auch so eins und die Mädchen auch." Lena nickt. Denn ihr gefallen die Armbänder wirklich gut.

„Lena!", hört sie plötzlich ihre Freunde rufen. Tim und Niklas sind auch endlich wieder an Land. Lena dreht sich zu ihnen um und winkt. „Also dann", sagt sie an Kovu und seine Freunde gewandt, „ich gehe mal wieder zurück zu den beiden!" Kovu nickt verständnisvoll. „Viel Spaß noch!", meint Felix.

Als Lena zurückkommt, hat Tim schon seine Gitarre und ein paar Kartenspiele ausgepackt. „Worauf habt ihr Lust?", fragt er. „Auf alles!", antworten Lena und Niklas wie aus einem Mund. Schließlich sind sie gerade erst angekommen und haben noch ein paar Stunden am Badesee vor sich.

Die drei Freunde spielen Karten, singen Lieder, bauen eine Sandburg und gehen zwischendurch noch einmal ins Wasser. Als es langsam dunkel wird, suchen sie Holz für ein kleines Lagerfeuer zusammen. „Gleich haben wir den See ganz für uns!", sagt Niklas. Denn die andere Kindergruppe räumt gerade alles zusammen und scheint sich auf den Weg zu ihren Fahrrädern machen zu wollen.

KOHL VERLAG Krimigeschichten Lesemotivation steigern durch „spannende Fälle" – Bestell-Nr. 15 080

Der ehrliche Dieb

Bald knistert vor ihnen ein kleines Feuer. Da es immer dunkler wird, kann man schnell nur noch die hellen Flammen sehen. „Das ist sooo gemütlich!", schwärmt Lena. Tim hat wieder seine Gitarre geholt und spielt leise vor sich hin.

Irgendwann werden die Flammen kleiner und nur noch die Glut leuchtet ein wenig. Niklas macht seine Taschenlampe an, holt etwas Wasser aus dem See, um den letzten Rest des Feuers zu löschen und leuchtet sich und seinen Freunden den Weg zu den Fahrrädern.

„Das kann doch nicht sein!", ruft Lena plötzlich. „Mein Rad ist weg!" Trotz der Dunkelheit können sich auch Tim und Niklas schnell davon überzeugen, dass Lena recht hat. Ihr Fahrrad ist nicht mehr da. Kleinlaut stehen Tim und Niklas da und wissen nicht, was sie tun oder sagen sollen. Schließlich war es ihre Idee gewesen, die Räder nicht abzuschließen. „Sorry, das war anscheinend doch ein Fehler!", murmelt Tim. „Wir finden es schon irgendwie wieder!", verspricht Niklas. „Du kannst erstmal bei mir auf dem Gepäckträger mitfahren und morgen suchen wir bei Tageslicht alles gründlich ab." Lena nickt. „Ok, danke!", sagt sie leise. Sie ahnt, dass es zuhause Ärger geben wird. Wieso nur hat sie das Fahrrad nicht abgeschlossen?

„Guckt doch mal!", ruft Tim auf einmal und bückt sich, um etwas aufzuheben. „Ein **Armband**!" Lena kommt das Band sehr bekannt vor. „Diese Armbänder haben die Kinder vom anderen Strand getragen", überlegt sie. Schweigend schauen sich die drei an. Sie können es kaum glauben, dass anscheinend eines der Kinder Lenas Fahrrad geklaut hat. „Leuchte doch mal den Boden ab! Vielleicht hat der Dieb noch mehr verloren", sagt Tim zu Niklas.

„Da!", ruft Lena sofort. Sie hat ein **Bonbon** entdeckt. „Genau diese Bonbons haben die Kinder am Strand gegessen." Nach einer Weile sagt Niklas: „Also, es war sonst niemand hier und das Armband und das Bonbon zeigen, dass mindestens eines der Kinder hier gewesen sein muss." Lena nickt. „Ich bin mir mittlerweile auch sehr sicher, dass eins der Kinder mein Fahrrad geklaut hat!", sagt sie traurig. „Dabei waren alle total nett zu mir!" Einen Moment überlegt sie. „Ich bin mir sicher, dass alle diese Bonbons gegessen haben, aber die Armbänder hatten nur die Mädchen und Justus und Felix." „Das ist doch schon mal was!", antwortet Tim. „Wenn wir noch mehr Sachen finden, können wir vielleicht bald eindeutig sagen, wer es gewesen sein muss!" Niklas hat schon den Strahl seiner Taschenlampe auf den Boden gerichtet, um weiterzusuchen. „Die **Sonnenbrille**!", ruft Lena kurz darauf und greift danach. Das ist nun schon das dritte Fundstück am Tatort. „Dort ist, glaube ich, noch etwas", ruft Tim, nimmt Niklas die Taschenlampe aus der Hand und leuchtet in die Richtung, aus der er etwas türkis Glitzerndes gesehen hat. „Das scheint ein **Fahrradschlüssel** zu sein", meint Lena und hebt ihn auf. Alle gefundenen Gegenstände hat sie in das vordere Fach ihres Rucksacks gestopft.

Der ehrliche Dieb

„Reicht das eigentlich als Beweismaterial, wenn wir damit zur Polizei gehen?“, fragt Tim. Ganz sicher sind sich auch Lena und Niklas nicht. „Wir sollten hier auf jeden Fall nochmal genau schauen, ob wir noch etwas entdecken“, meint Niklas. Der Schein der Taschenlampe wandert über den grasbewachsenen Boden. Systematisch sucht Niklas die nähere Umgebung ab. „Da!“ Tim und Niklas haben gleichzeitig etwas gesehen. „Was ist das?“, fragt Niklas. Lena erkennt das Teil sofort wieder. „Von einer Sandale ist anscheinend dieser **Fersengurt** abgerissen.“ Fragend schauen sich die drei an. Ganz sicher sind sie sich noch nicht, wer der Fahrraddieb gewesen sein muss. Aber alle fragen sich, wieso der Täter oder die Täterin am Tatort so viel verloren hat. „Ich verstehe einfach nicht, wie man so unvorsichtig sein kann“, sagt Tim. Niklas sucht weiterhin den Boden ab. „Aber ich weiß jetzt, wer es war“, ruft er plötzlich triumphierend. Lena und Niklas schauen zu ihm hinüber. Im Schein der Taschenlampe erkennen sie ein **Haargummi**. „Ich weiß, wem das gehört“, stellt Lena sofort fest. „Ich kann es einfach nicht fassen. Aber nun ist wirklich klar, wer es gewesen sein muss“, fügt sie hinzu. „Welche Farbe hatte nochmal die gefundene Sonnenbrille?“, fragt Tim, um sich zu vergewissern, dass er das richtige Kind verdächtigt. „Rosa“, antwortet Lena. „Dann passt alles!“, meint Tim. „Wir holen dir das Fahrrad morgen zurück!“, verspricht er. Niklas nickt. „Ich habe nun alles abgesucht und nichts mehr gefunden. Komm Lena! Ich nehme dich auf dem Gepäckträger mit.“

Schweigend fahren sie zu dritt auf nur zwei Fahrrädern den dunklen Waldweg entlang und kommen schließlich in die hell beleuchtete Siedlung. Vor ihrem Haus steigt Lena ab. Als Tim ihr besorgtes Gesicht sieht, sagt er: „Sag deinen Eltern nichts. Wir holen dein Fahrrad morgen wieder. Dann merken sie es gar nicht.“ Lena nickt und lächelt, obwohl sie sich nicht sicher ist, ob der Plan funktioniert. „Gute Nacht und danke!“, murmelt sie. „Bis morgen!“, rufen ihr Tim und Niklas zum Abschied zu, bevor sie weiterradeln.

Am nächsten Morgen dauert es einen Moment, bis Lena sich an alles erinnert. Der Abend am Strand, das verschwundene Fahrrad, die Fundstücke genau dort, wo ihr Fahrrad vorher stand. „Kann das wirklich sein?“, fragt Lena sich immer wieder. Schließlich steht sie auf und setzt sich zu ihren Eltern an den Frühstückstisch. „Hattet ihr einen schönen Abend am See?“, fragt Mama, während sie ihr ein Glas Orangensaft einschenkt. „Du warst gestern so müde!“ Lena nickt etwas unsicher.

Der ehrliche Dieb

Während sich Lena ihr Brot schmiert, klingelt es plötzlich an der Tür. Sind das etwa schon Tim und Niklas? Lena springt auf und kann ihren Augen kaum trauen.

Der Fahrraddieb steht vor der Tür. Wer ist es?

Lösung:

Tine steht mit ihrem gestohlenen Fahrrad vor der Tür. Lena schaut sie überrascht und fragend an. „Lass mich das bitte alles erklären!“ bittet Tine. Lena nickt nur schweigend. „Ich muss immer schon um halb 10 Uhr zuhause sein. Mein Vater ist sehr streng und ich hatte gestern total die Zeit vergessen. Als ich am See auf die Uhr gesehen habe, war es schon 21 Uhr 40. Ich bin also sofort losgerannt zu meinem Fahrrad, konnte meinen Fahrradschlüssel aber nicht in meiner Tasche finden. Da habe ich gesehen, dass eure Räder gar nicht abgeschlossen waren und bin hingerannt. Bevor ich mir dein Fahrrad genommen habe, habe ich meinen Rucksack ausgekippt. Denn irgendwo musste der Schlüssel ja sein. Weil ich ihn nicht gefunden habe, hatte ich keine andere Wahl, dachte ich zumindest gestern.“

Plötzlich steht Papa neben Lena und wundert sich darüber, dass ein fremdes Mädchen mit Lenas Fahrrad vor der Tür steht. „Sie hat es sich gestern ausgeliehen“, erklärt Lena. „Und von dir habe ich auch ein paar Sachen“, sagt Lena zu Tine. Schnell holt sie ihren Rucksack aus ihrem Zimmer und packt nacheinander die Fundstücke aus. Zum Glück braucht sie die Sachen nun nicht mehr als Beweismaterial.

Legematerial: Der ehrliche Dieb

1 2 3 4 5 6

1 2 3 4 5 6

KOHL VERLAG Lernen mit Erfolg
Krimigeschichten
Lesemotivation steigern durch „spannende Fälle“ – Bestell-Nr. 15 080

Legematerial: Der ehrliche Dieb

1
2
6
3
5
4

1
2
6
3
5
4

Legematerial: Der ehrliche Dieb

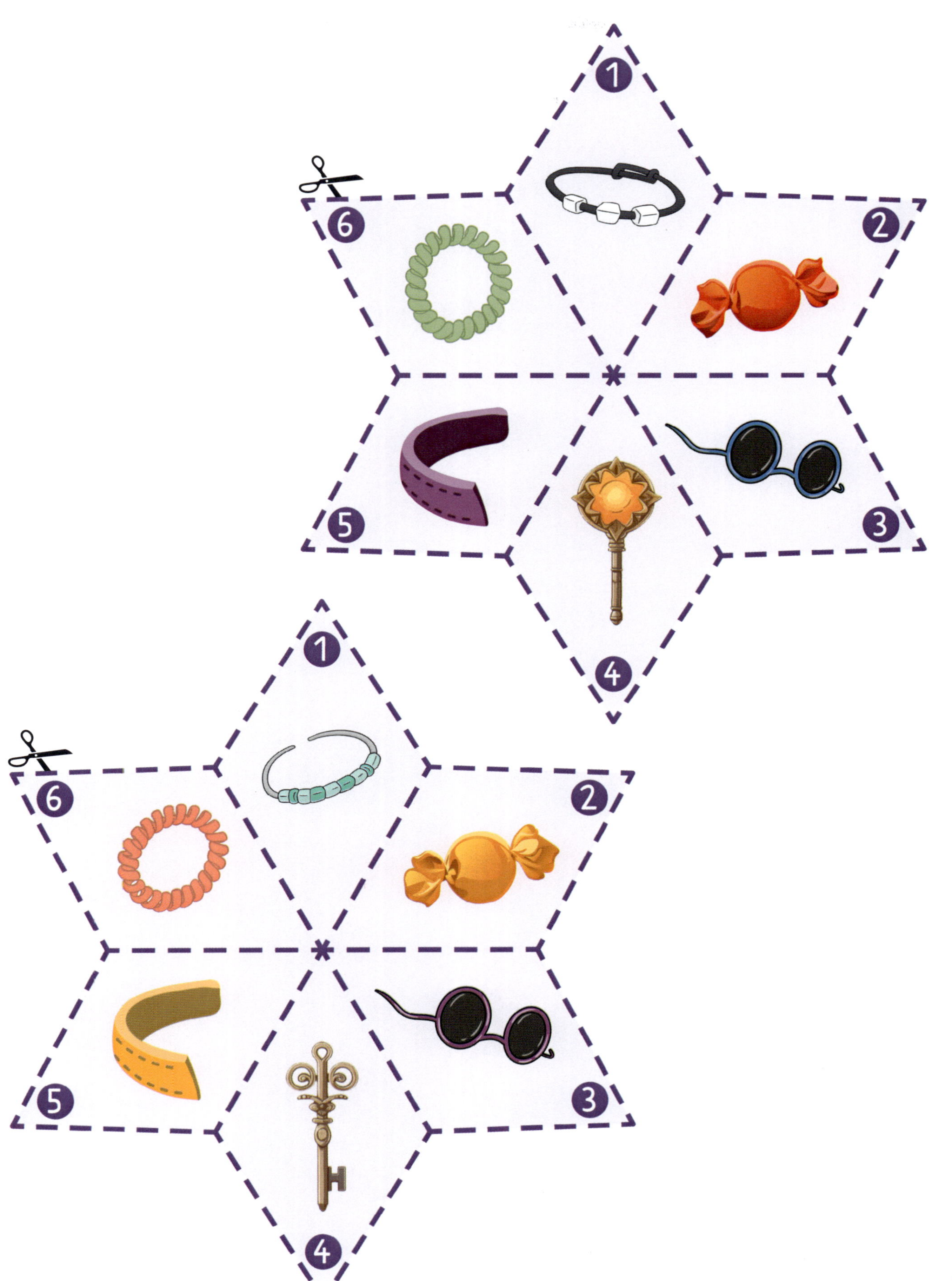

Krimigeschichten
Lesemotivation steigern durch „spannende Fälle" – Bestell-Nr. 15 080
KOHL VERLAG

Legematerial: Der ehrliche Dieb

1 2 3 4 5 6

1 2 3 4 5 6

Kopiervorlage: Der ehrliche Dieb

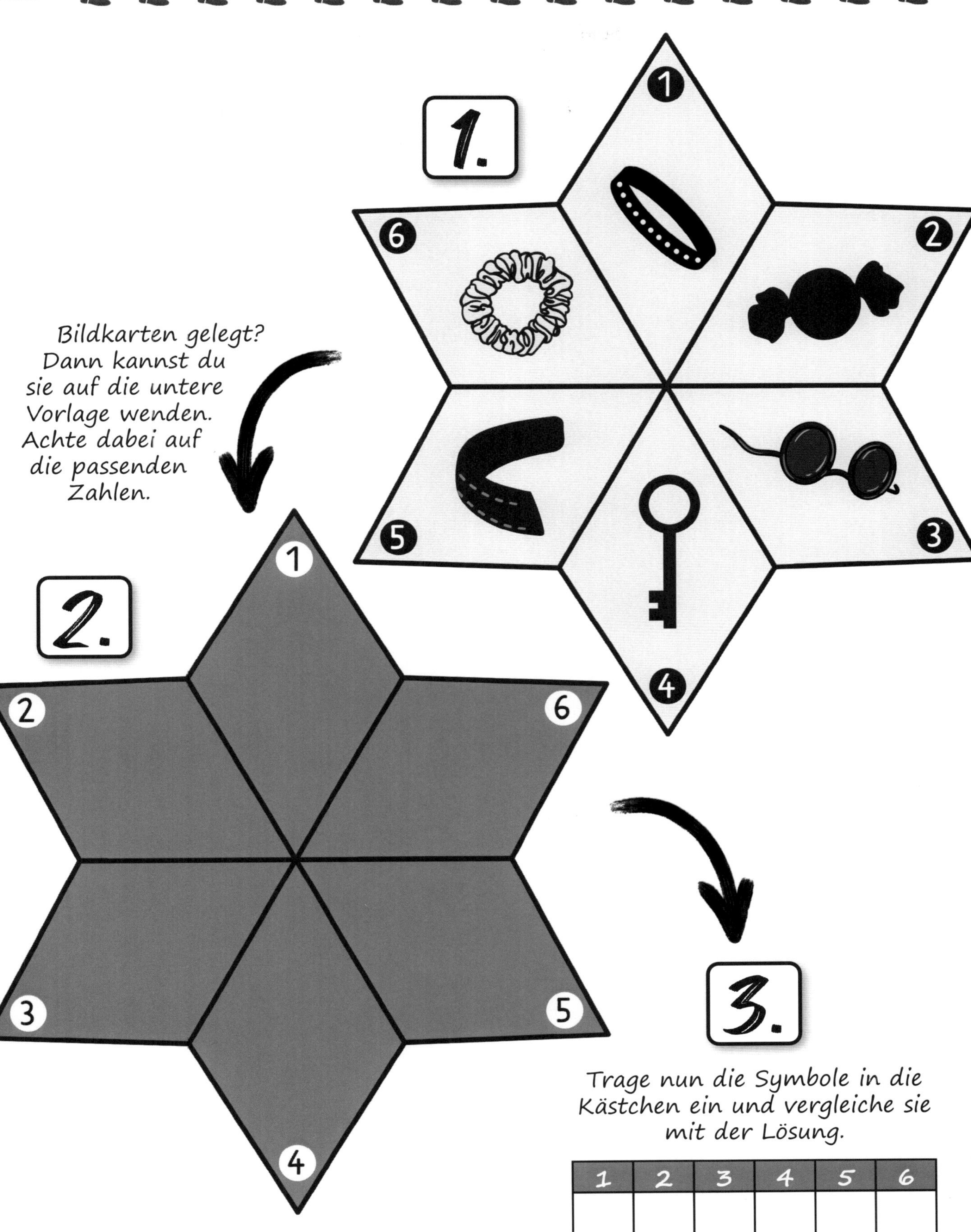

Trage nun die Symbole in die Kästchen ein und vergleiche sie mit der Lösung.

1	2	3	4	5	6

Der Täter heißt: ___________

KOHL VERLAG Lernen mit Erfolg
Krimigeschichten Lesemotivation steigern durch „spannende Fälle" – Bestell-Nr. 15 080

Kopiervorlage: Der ehrliche Dieb

Justus

Felix

Jule

Kovu

Mats

Tine

Merle

Lösung

Justus

1	2	3	4	5	6
●	♥	✱	●	★	✱

Felix

1	2	3	4	5	6
✱	●	♥	★	●	★

Jule

1	2	3	4	5	6
♥	★	✱	●	♥	★

Kovu

1	2	3	4	5	6
✱	♥	●	✱	★	●

Mats

1	2	3	4	5	6
★	✱	●	♥	✱	♥

Tine

1	2	3	4	5	6
★	●	★	♥	✱	✱

Merle

1	2	3	4	5	6
●	✱	♥	★	●	♥

Krimigeschichten
Lesemotivation steigern durch „spannende Fälle" – Bestell-Nr. 15 080

Auf Spürnasenjagd

„Wo bleibt ihr denn? Wir müssen los!“ Mamas Stimme schallt durch das ganze Haus. Kurz darauf erscheint ihr Kopf in der Tür zum Kinderzimmer. Paul ist gerade dabei, sein Hemd zuzuknöpfen. Genervt schaut er seine Mutter an. „Ich hab keine Lust auf Omas Geburtstagsfeier“, mault er. „Ich weiß“, antwortet Mama. „Aber Oma wird nur einmal 70 und wir dürfen nicht zu spät kommen.“ Auffordernd sieht sie ihren Sohn an. „Na los! Beeil dich!“ Paul seufzt und wirft einen Blick in den Spiegel. Das Hemd sieht schrecklich spießig aus. Aber er weiß, dass er gar nicht erst versuchen braucht, dies mit seinen Eltern auszudiskutieren.

„Du willst mich doch wohl nicht alleine auf Omas Feier schicken, oder?“, reißt seine Schwester ihn aus seinen Gedanken. Lina steht in der Tür und scheint genauso wenig von dem bevorstehenden Verlauf des Sonntags begeistert zu sein. „Wir sollten jetzt mitgehen, sonst regt Mama sich furchtbar auf“, meint sie trotzdem. Paul nickt. „Auf geht´s! Machen wir das Beste draus!“

Als die Geschwister die Treppe herunterkommen, breitet sich auf Mamas Gesicht ein erleichtertes Lächeln aus. Auch Papa steht schon im Anzug vor dem Haus. „Jetzt guckt doch nicht so!“, sagt er gespielt vorwurfsvoll zu seinen Kindern. „So schlimm wird es schon nicht werden!“ Dann fällt sein Blick auf Pauls Schuhe. „So kannst du da aber nicht hingehen. Die sind viel zu dreckig!“ Schon sieht Mama wieder total gestresst aus. „Zum Saubermachen haben wir nun aber keine Zeit mehr. Wir müssen wirklich los!“

Oma Annegret wohnt direkt neben Paul, Lina und ihren Eltern. Das Restaurant, in dem die Geburtstagsfeier stattfindet, liegt schräg gegenüber der Häuser, auf der anderen Straßenseite. Mehrere Gäste steigen auf dem Parkplatz des Restaurants gerade aus ihren Autos. Oma steht vor dem Eingang und begrüßt gerade ihre Freundin Christa, die mit ihrem Mann Wilhelm gekommen ist. Plötzlich spürt Paul etwas an seinem Bein. Daisey, die Hündin ihrer Nachbarin Frau Nemeyer, schnüffelt an Pauls Schuh und wedelt dabei mit dem Schwanz. "Daisey! Komm!", ruft Frau Nemeyer und winkt Paul freundlich zu. Etwas widerwillig trottet Daisey zu ihrem Frauchen. Als Paul, Lina und ihre Eltern die Gästegruppe erreichen, kommt Großtante Gerda strahlend auf sie zugelaufen. „Ihr seid aber groß geworden!“, ruft sie laut und umarmt erst Lina und dann Paul sehr überschwänglich. Gerdas Mann Willi nickt der Familie nur zur Begrüßung zu. Großtante Gerda redet weiter wie ein Wasserfall. „Was haben wir uns lange nicht gesehen! Wie alt seid ihr denn nun? Wie die Zeit vergeht! Eure Oma erzählt immer so viel von euch!“ Paul und Lina kommen gar nicht dazu, etwas zu sagen. Schließlich unterbricht Oma Annegret den Monolog von ihrer Schwester Gerda. „Schön, dass ihr da seid!“, sagt sie an ihre Enkel, ihre Tochter und ihren Schwiegersohn gewandt. „Kommt doch am besten gleich alle mit rein!“ Mit diesen Worten betritt sie das Restaurant, gefolgt von ihren Gästen.

In dem kleinen Saal, in dem Opa Werner vor ein paar Jahren seinen 70. Geburtstag gefeiert hat, findet nun auch Omas Feier statt. Die ersten Gäste nehmen bereits an einem langen Tisch Platz. Paul wirft seiner Schwester einen vielsagenden Blick zu. Auch Lina weiß, wie wichtig nun die Platzwahl ist. „Komm mit!“, flüstert sie ihm zu und steuert zwei freie Plätz gegenüber von Onkel Christian und Tante Charlotte an. „Setzt euch gerne zu uns!“, sagt Charlotte zur Begrüßung, als sie Paul und Lina näherkommen sieht. Paul ist mit den Sitzplätzen sehr zufrieden. Denn Onkel Christian reist gerne und hat deshalb immer etwas Spannendes zu erzählen. Während die anderen Gäste Platz nehmen, lauschen Paul und Lina Onkel Christians Geschichte von seiner Mont Blanc Besteigung. Irgendwann unterbricht sie Omas Stimme. Das Gemurmel im Raum verstummt und alle wenden sich dem Geburtstagskind zu. Oma räuspert sich. „Ich freue mich, dass ich heute meinen 70. Geburtstag erleben darf und darüber, dass ihr alle gekommen seid, um diesen besonderen Tag mit mir zu verbringen. Mit jedem einzelnen von euch verbinde ich viele schöne Erinnerungen und niemanden würde ich heute missen wollen. Schön, dass ihr da seid!“ Während die Gäste klatschen, kommt der Kellner mit den ersten Speisen in den Raum. „Ich wünsche euch einen guten Appetit!“, ruft Oma in die Runde, bevor sie wieder Platz nimmt. Es gibt Kartoffeln, Bratenfleisch mit Soße, Erbsen und Möhren. Bald stochert Paul missmutig auf seinem Teller herum. „Noch nicht mal Pommes gibt es!“, meckert er so leise, dass es nur Lina hört. „Stell dich nicht so an!“, flüstert Lina zurück. „Es schmeckt doch echt gut!“ Nun ist nur noch das Geklapper des Bestecks auf den Porzellantellern zu hören und zwischendurch Großtante Gerdas Stimme: „Mmh, köstlich! Das Fleisch ist sooo zart!“

Nach dem Essen kommt Onkel Timo zu ihnen. Onkel Timo, Onkel Christian und Mama Katharina sind Oma Annegrets und Opa Werners Kinder. „Schade, dass ich so weit weg sitze!“, meint er und unterhält sich zunächst mit Onkel Christian und Tante Charlotte. Dann wendet er sich Paul zu. Er ist Pauls Patenonkel und ruft deshalb regelmäßig an und kommt oft zu Besuch. Manchmal lädt er Paul auch ins Kino oder in den Zoo ein.

„Ich bin die nächsten Monate leider oft auf Dienstreise und werde nicht viel Zeit haben!“, erklärt er Paul. Dann streckt er ihm die Hand entgegen. „Hier! Damit du auch ohne mich etwas Schönes unternehmen kannst.“ Überrascht schaut Paul seinen Onkel an. Ein 50-Euro-Schein! So viel Geld auf einmal hat er noch nie bekommen. „Danke!“, murmelt er verlegen und behält den Schein zunächst in der Hand.

Krimigeschichten
Lesemotivation steigern durch „spannende Fälle“ – Bestell-Nr. 15 080
KOHL VERLAG

Auf Spürnasenjagd

„Steck das Geld lieber gut weg!“, empfiehlt ihm Onkel Christian. „Du glaubst gar nicht, wie oft ich mich schon geärgert habe, dass ich nicht gut genug auf mein Geld aufgepasst habe. In der U-Bahn, im Nachtzug, im Hostel“, er macht eine Pause. „Wenn man einen Moment nicht hinguckt, ist es plötzlich weg!“ Paul will das Geld auf keinen Fall verlieren, aber er weiß nicht, wo er es sicher hinlegen kann. „Steck es am besten in die Hosentasche“, schlägt Onkel Timo vor. Sofort schüttelt Christian den Kopf. „So wie du dein Portemonnaie mit dir rumträgst, wird es bestimmt bald geklaut!“, meint er und schaut skeptisch auf Onkel Timos Hosentasche, aus der das Portemonnaie herausguckt. „Wohin denn dann?“, fragt nun Tante Charlotte. „Du wirst schon einen guten Platz zum Aufbewahren finden“, sagt Onkel Timo zu Paul und setzt sich wieder an das andere Ende des Tisches zu seiner Frau Nathalie und seinen zwei Kindern Jona und Annalena. Opa Werner scheint das Gespräch mitgehört zu haben. „Also ich würde das Geld einfach sofort ausgeben“, sagt er grinsend. Tante Charlotte schüttelt den Kopf. „Ich habe mein Geld früher immer in meine Spardose gesteckt. Das ist viel sinnvoller.“

Nun schaltet sich Oma Annegret ein. Sie schaut Charlotte vorwurfsvoll an und sagt: „Sicherer ist es aber auf dem Sparbuch, das ich für euch beide eingerichtet habe. Soll ich es für dich einzahlen?“ Schon streckt Oma die Hand nach dem Geldschein aus. „Man, lass ihm doch das Geld! Er kann schon selbst darauf aufpassen“, mischt Onkel Christian sich ein. Oma Annegret scheint sich über die Bemerkung ihres Sohnes zu ärgern. „Ich habe es doch nur gut gemeint“, sagt sie beleidigt. „Ich auch!“, meint Onkel Christian unbeirrt und wendet sich wieder seinem Neffen zu. „Gute Verstecke sind zuhause unter dem Kopfkissen oder – wenn du unterwegs bist – im Schuh.“ Die Idee gefällt Paul. In seinem Schuh wird wahrscheinlich niemand nach Geld suchen. Außerdem mag sie laut Papa eh niemand anfassen, weil sie so dreckig sind. Ein tolles Geheimversteck. Unauffällig schiebt Paul den Schein in seinen Schuh. Nur Onkel Christian scheint es bemerkt zu haben und zwinkert ihm zu.

Auf einmal kommt der Koch herein. „Ich hoffe, es hat Ihnen geschmeckt!“, sagt er. „Vorzüglich!“, flötet Tante Gerda. Auch Oma Annegret bedankt sich herzlich und schwärmt vom Hauptgang. „Das freut mich!“, antwortet der Koch lächelnd. „Als Nachspeise wird Ihnen nun ein Tiramisu serviert. Guten Appetit!“ Schon läuft der Kellner wieder flink um den langen Tisch herum, um alle mit dem Dessert zu versorgen. Lina ist begeistert. „Das ist wirklich total lecker. Ich möchte meinen Geburtstag auch hier feiern!“ Paul guckt sie überrascht an. Seine kleine Schwester ist erst acht und einen Kindergeburtstag im Restaurant zu feiern, findet er komisch. „Wenn es dir ums Tiramisu geht, dann mache ich gerne eins für dich und deine Freundinnen“, schlägt Tante Charlotte vor. Lina strahlt über das ganze Gesicht. „Das wäre total super!“

Auf Spürnasenjagd

„Was ist denn dort los?“, fragt Paul. Am anderen Ende des langen Tisches herrscht ein großes Chaos. Alle drehen sich zu Jona und Annalena um, die gerade gepuzzelt haben, wobei ihnen mehrere Teile heruntergefallen sind. Cousin Jona ist erst vier Jahre alt und Cousine Annalena sechs. Beide krabbeln nun unter dem Tisch herum, auf der Suche nach den verlorengegangenen Puzzleteilen. „Ich glaube, wir sollten gleich aufbrechen“, seufzt Oma Annegret, die anscheinend Angst hat, dass ihre Enkel ein noch größeres Durcheinander anrichten könnten. Auch Paul seufzt. „Dann gibt es also gleich schon wieder Essen?“ Papa Michael grinst. „So ist das auf Geburtstagsfeiern halt. Aber du hast recht. Ich kann jetzt auch nicht sofort Kuchen essen.“ Trotzdem stehen schon die ersten Gäste auf, um sich auf den Weg zur Kaffeetafel in Omas Wohnzimmer zu machen. „Na kommt! Wir sind schon wieder die letzten!“, meint Papa und fordert Paul und Lina zum Aufstehen auf. Lustlos trotten die beiden Geschwister den anderen Gästen hinterher.

„Stop!“, ruft Oma aufgeregt, als Jona und Annalena mit ihren Schuhen direkt ins Haus laufen. „Zieht bitte die Schuhe im Eingangsbereich aus!“ Zu spät! Auf Omas Teppich ist ein dunkler Fleck. Mit einem Blick auf Jonas Schuhe ist klar, wo der Dreck herkommt. Während Nathalie versucht, ihre Schwiegermutter zu beruhigen und dann den Fleck zu entfernen, knöpft sich Timo seinen Sohn vor. „Ihr wisst genau, wie pingelig Oma ist. Wieso macht ihr immer wieder so einen Dreck und so eine Unordnung hier, obwohl ihr wisst, dass Oma das nicht mag“, flüstert er. „Moment mal!“, entrüstet sich Annalena. „Ich habe mit der Sache überhaupt nichts zu tun!“ Beleidigt läuft sie nach draußen.

Paul schaut Lina überrascht und fragend an, als ihnen die trotzige Annalena entgegenkommt, gefolgt von ihrem genervten Vater Timo. Als Antwort zuckt Lina nur mit den Schultern. Der Eingangsbereich ist mittlerweile voller Schuhe. Bis auf Jona und Annalena scheinen sich alle an Omas Bitte zu halten. „Hier ist es schon so voll“, meint Papa. „Stellt eure Schuhe doch einfach draußen vor die Tür! Ich komme sofort nach. Ich muss noch Sahne von Zuhause holen“. Lina und Mama ziehen draußen ihre Schuhe aus. Paul zögert, als er an sein Geld denkt. Andererseits weiß niemand von dem Versteck und er möchte Papa nicht verärgern.

Krimigeschichten
Lesemotivation steigern durch „spannende Fälle“ – Bestell-Nr. 15 080
KOHL VERLAG

Auf Spürnasenjagd

Als die Geburtstagsgesellschaft endlich vollzählig an der Kaffeetafel sitzt, werden zunächst die Geschenke überreicht. Diesmal sitzen Paul und Lina neben Großtante Gerda und Großonkel Willi. Im Gegensatz zu Paul und Lina scheint Großtante Gerda sich sehr darüber zu freuen. „Die Pralinen habe ich selbst gemacht!",

verkündet sie stolz und übergibt einen großen Teller mit vielen unförmigen kleinen Gebilden aus Schokolade an Oma Annegret. „Soll ich euch das Rezept geben?", fragt sie Paul und Lina, die verlegen den Kopf schütteln.

Währenddessen überreicht Omas Freundin Christa als Geschenk Theaterkarten. „Die Zauberflöte! Toll!", ruft Oma begeistert und scheint sich sehr auf den Opernabend mit ihrer Freundin zu freuen.

Dann schenken Paul und Lina ihr einen selbstgemachten Fotokalender. Zu jedem Foto haben sie einen kurzen Text geschrieben, sodass aus den einzelnen Fotos eine Bildergeschichte geworden ist. „Ich bin sofort zurück. Ich hole noch unsere Kamera von Zuhause", flüstert Mama Paul und Lina zu. Möglichst unauffällig schleicht sie sich aus dem Wohnzimmer. Auch Willi versucht unbemerkt aufzustehen, verschwindet aber nicht wie Mama in Richtung Haustür, sondern in Richtung Toilette. Gerda schaut ihm verwundert nach. Kurz darauf steht Mama in der Tür und fotografiert die Geburtstagstafel. Währenddessen werden weitere Geschenke überreicht. „Wo bleibt Willi nur?", wundert sich Gerda. Ihr Mann ist tatsächlich schon eine Weile auf der Toilette. Lina zuckt mit den Schultern. „Ich schaue mal nach ihm!" Mit diesen Worten steht auch Gerda auf. „Puh, endlich haben wir unsere Ruhe!", meint Paul zufrieden. „Aber bestimmt nicht lange!", ergänzt Lina. Doch auch Gerda kommt erstmal nicht zurück. „Komisch!", wundert sich Lina nach ein paar Minuten. Doch in dem Moment kommen Gerda und Willi langsam um die Ecke. Beide sehen ziemlich fertig aus. „Willi hat Durchfall", erklärt Gerda Paul und Lina. „Kannst du mir bitte meine Tasche geben. Wir müssen leider sofort aufbrechen." Paul greift sofort hilfsbereit nach der Handtasche unter dem Stuhl und meint: „Ich trage sie euch gerne zum Auto!" Dankbar schaut Gerda ihn an. Oma scheint aufgefallen zu sein, dass etwas nicht in Ordnung ist. „Oh nein, hoffentlich ist es keine Magen-Darm-Grippe!", ruft sie, als sie von Willis Unwohlsein erfährt. Auch sie begleitet die beiden nach draußen. Plötzlich stolpert Willi. „Was war denn das?", ruft Gerda erschrocken. Paul entschuldigt sich sofort, als er sieht worüber Großonkel Willi gefallen ist. „Das waren meine Schuhe", erklärt er sofort. „Das tut mir total leid!" Zum Glück ist nichts Schlimmes passiert und Gerda und Willi haben gerade andere Sorgen. „Gute Besserung!", ruft Oma den beiden nach, als sie ins Auto steigen.

Auf Spürnasenjagd

Als Paul zurück ins Wohnzimmer kommt, sitzt Lina bei Charlotte und Christian. Charlotte hat begonnen, ihr Zöpfe zu flechten. Christian schaut ihnen etwas gelangweilt zu und freut sich, als Paul sich zu ihnen setzt. Im Wohnzimmer ist kaum Platz für die vielen Gäste. Neben ihnen sitzen Christa und Wilhelm in der Ecke des Raumes und können gar nicht aufstehen, ohne dass Christian und Paul Platz machen. „Hast du Lust, „DOUBLE“ zu spielen?“, fragt Christian Paul und zieht ein Kartenspiel aus seiner Jackentasche. Paul nickt erleichtert. Irgendwie müssen sie die Zeit ja rumkriegen. Doch ein ungestörtes Kartenspiel scheint unmöglich zu sein. Schon nach ein paar Minuten unterbricht sie Wilhelm. "Ich kann meine Brille einfach nicht wiederfinden. Könnt ihr Christa bitte einmal durchlassen, damit sie sie suchen kann". Christa bedankt sich lächelnd, als Paul und Christian sofort Platz für sie machen. "Normalerweise verlege ich immer meine Brille und Wilhelm macht sich darüber lustig", erklärt sie den Kindern.

„Oh nein!“, kreischt Nathalie auf einmal. Der kleine Jona hat ein Glas umgekippt. Und der Apfelsaft hat sich offenbar nicht nur auf Jonas Pullover, sondern auch auf Nathalies Hose verteilt. „Im Auto sind für Jona Sachen zum Wechseln“, sagt sie etwas ruhiger zu Timo. Dieser lässt sich ohne Zögern von Nathalie den Autoschlüssel geben und läuft los. Währenddessen versucht Nathalie, mit einer Serviette ihre Hose etwas zu trocknen. „Das sieht aus, als hättest du in die Hosen gemacht!“, freut sich Annalena so laut, dass alle Gäste in schallendes Gelächter ausbrechen. Nathalie wirft ihrer Tochter einen bitterbösen Blick zu.

Oma tut ihre Schwiegertochter leid. „Werner, kannst du für die Kinder bitte das Spielehaus mit den Kostümen vom Dachboden holen?“ Opa sieht sie genervt an. „Bitte! Nathalie ist mit den Nerven am Ende“, fügt Oma schnell hinzu. „Es wäre toll, wenn die Kinder erstmal beschäftigt sind.“ Opa verdreht die Augen. „Erstmal bin ich damit beschäftigt, das alte Ding zu suchen“, stöhnt er und fügt liebevoll hinzu. „Aber du hast ja heute Geburtstag und einen Wunsch frei!“ Endlich kommt Christa mit der wiedergefundenen Brille zurück. "Sie war im vorderen Rucksackfach", erklärt sie, als Paul und Christian erneut für sie Platz machen.

Während Jona auf Nathalie herumklettert und dabei noch mehr Apfelsaft von seinem Pullover an ihre Bluse schmiert, kichert Annalena immer noch vor sich hin. Zum Glück kommen sowohl Timo als auch Opa Werner bald mit der Ersatzkleidung bzw. mit dem Spielehaus wieder.

Erst jetzt bemerkt Papa, dass einige der Origamifiguren, die er auf den Tischen verteilt hat, ebenfalls in Apfelsaft getränkt wurden. „Oh nein! Wenn Katharina das sieht, wird sie sich fürchterlich aufregen. Sie hat Abende damit verbracht, die Figuren zu falten“, flüstert er seinem Schwiegervater Werner zu. „Wofür ist der Quatsch überhaupt?“, fragt dieser unbeirrt. „Für ein Spiel!“, antwortet Michael trocken. Opa seufzt. „Hoffentlich nicht so‘n alberner Quatsch wie auf meinem Geburtstag!“, meint er.

KOHL VERLAG Krimigeschichten Lesemotivation steigern durch „spannende Fälle“ – Bestell-Nr. 15 080

Auf Spürnasenjagd

Als Antwort schüttelt Michael den Kopf, verteilt weiter Figuren und sucht mit dem Handy nach einer Anleitung, um die kaputtgegangenen Figuren nachzufalten. Als er fertig ist, klatscht er in die Hände. „Ich würde Oma gerne kurz nach draußen entführen“, ruft er. „Dort wartet nämlich dein Geschenk!“, erklärt er seiner Mutter.

Gefolgt von neugierigen Blicken verlassen Papa, Mama und Oma den Raum.

„Ist das etwa ein E-Bike?“, hört man Oma plötzlich von draußen rufen. Papa nickt. „Wir dachten, es wäre schade, wenn wir bald nicht mehr zusammen Rad fahren könnten“, antwortet er. Mama knipst ein Bild, während Oma ihr Geschenk begutachtet. Dann rollt Oma stolz ihr neues Fahrrad ins Wohnzimmer, damit es alle Gäste sehen können.

„Und nun möchten wir euch bitten, eure Origamifigur genau anzuschauen. Darauf befindet sich nämlich jeweils eine Frage zu Oma. Die Antworten notiert ihr bitte auf eurer grünen Karte und dann werden die Figuren weitergereicht, so lange bis alle sämtliche Fragen beantwortet haben.“ Die Gäste scheinen von Papas Quiz nicht besonders begeistert zu sein. Trotzdem haben bald alle Gäste die Fragen beantwortet. Nun ist auch Papa zufrieden und sammelt die grünen Kärtchen ein. „Der Sieger wird ermittelt und per Post kontaktiert“, erklärt er mit einem Grinsen. „Kommt! Es ist schon spät!“, sagt er dann zu Paul und Lina. Erleichtert springt Lina auf und auch Paul folgt seinen Eltern freiwillig. „Na, so schlimm war die Feier doch gar nicht, oder?“, fragt Papa Paul unauffällig im Flüsterton. Paul verdreht die Augen und kann kurz darauf seinen Augen nicht trauen. Von seinem Paar Schuhe, das er vor der Haustür abgestellt hat, fehlt ein Schuh.

Sofort ist Paul klar, dass es sich bei dem verschwundenen Schuh um den mit dem Geldschein handelt. „Das kann doch nicht sein!“ Paul kann es kaum fassen. Lina ist sofort klar, dass Paul sich weniger um den Schuh, sondern eher um dessen Inhalt sorgt. „Den finden wir schon wieder“, verspricht Lina ihrem Bruder. „Wie denn?“, fragt Paul zweifelnd. Lina grinst. „Ich habe gerade ein Detektivbuch gelesen und weiß, wie wir vorgehen müssen.“ Paul verdreht die Augen. „Nun übertreibt mal nicht. Das ist doch bestimmt nur ein Missverständnis!“, meint Mama und sucht im Eingangsbereich nach dem Schuh. Lina schaut Paul vielsagend an und hält ihren Finger vor den Mund. Paul weiß, was sie meint. Es ist besser, wenn sie niemandem von dem Geldversteck erzählen. „Er taucht bestimmt bald wieder auf“, beruhigt Oma sie? „Du kannst mit meinen Schlappen rüberlaufen. Es ist ja nicht weit. Ich melde mich, sobald ich den Schuh gefunden habe.“ „So machen wir es!“, meint Papa.

Auf Spürnasenjagd

Auf dem Weg nach Hause flüstert Lina Paul zu: „Wir schlafen nun erstmal und morgen erkläre ich dir, wie wir vorgehen werden, um den Fall zu lösen.“ Paul nickt. Er fragt sich, was seine Schwester vorhat und freut sich, dass sie ihm helfen will. „Okay, super!“, murmelt er dankbar.

„Hey, du Langschläfer!, willst du nun dein Geld zurück oder nicht?“ Lina steht in der Tür und schaut ihren Bruder erwartungsvoll an. Verschlafen dreht Paul sich im Bett um und murmelt irgendetwas Unverständliches. Dann fällt ihm plötzlich wieder ein, was passiert ist: die Feier, das Geld, das Versteck, der verschwundene Schuh. „Du hast recht“, meint er. „Wir sollten keine Zeit verlieren.“ Lina nickt. „Genau! Denn ich bin mir sicher, dass der Dieb es nicht auf den Schuh, sondern auf das Geld abgesehen hatte. Für deine alten dreckigen Treter interessiert sich bestimmt niemand.“ Paul ignoriert diese Bemerkung. „Jemand muss mitbekommen haben, dass ich das Geld im Schuh versteckt habe“, überlegt er. Lina führt seinen Gedanken fort. „Und deshalb kommen nur die Geburtstagsgäste in Frage. Und außerdem der Koch und der Kellner. Wir legen zuerst eine Kartei mit allen Verdächtigen an“, bestimmt sie.

Schon bald haben die Geschwister die Kartei fertiggestellt. Zu jedem der 16 Verdächtigen gibt es ein Bild. Auf kleinen Karten notieren sie sich zu jedem Gast die wichtigsten Eigenschaften und Ereignisse. Paul und Lina legen die Karten vor sich auf den Tisch. „Nun streichen wir erst einmal die Bilder von den Personen durch, die als Täter nicht in Frage kommen“, erklärt Lina. Paul denkt eine Weile angestrengt nach. „Der Kellner und der Koch waren gar nicht bei der Feier“, meint Paul schließlich. „Sie können aber dennoch von dem Geld gewusst haben und den kurzen Weg zu Omas Haus gelaufen sein“, antwortet Lina. „Wir müssen rauskriegen, ob sie ein Alibi haben.“ Paul sieht sie verwirrt an. „Wenn die beiden den ganzen Tag im Restaurant gearbeitet haben und erst spät abends gegangen sind, dann können sie den Schuh gar nicht geklaut haben.“ Nun versteht Paul, was Lina vorhat. „Mir müssen also im Restaurant fragen, wie lange die beiden dort waren.“

Die Dame am Empfang schaut die Kinder überrascht an. „Gestern war viel los und wir hatten alle Hände voll zu tun. Sowohl der Koch als auch der Kellner sind erst gegen 22 Uhr 30 nach Hause gegangen.“ Lina wirft Paul einen vielsagenden Blick zu und bedankt sich für die Auskunft. Draußen vor dem Restaurant erklärt sie Paul: „Weder der Kellner noch der Koch können es gewesen sein, weil beide erst so spät das Restaurant verlassen haben. Zwei Personen können wir also schon ausschließen.“

Krimigeschichten
Lesemotivation steigern durch „spannende Fälle“ – Bestell-Nr. 15 080

Auf Spürnasenjagd

Schweigend gehen die beiden nach Hause zurück. „Bist du dir sicher, dass das Geld noch im Schuh war, als du den Schuh vor der Tür ausgezogen hast?", fragt Lina auf einmal. „Erinnerst du dich, dass Annalena und Jona im Restaurant unter dem Tisch nach Puzzleteilen gesucht haben. Dabei hätten sie vielleicht in deinen Schuh greifen können." Paul schüttelt sofort den Kopf. „Auf keinen Fall! Das Geld habe ich vor Omas Haus noch tiefer in den Schuh hineingeschoben."

„Wir müssen überlegen, wer sich ungewöhnlich verhalten oder zwischendurch das Haus verlassen hat", denkt Lina laut. „Und wer nach uns noch gekommen ist", ergänzt Paul. Lina nickt. „Es waren schon alle drinnen. Wir waren die letzten. Nur Annalena und Timo sind uns entgegengekommen." Paul überlegt, ob die beiden nun besonders verdächtig sind, sagt aber zunächst nichts.

„Es haben viele Gäste das Haus zwischendurch verlassen", meint Lina und beginnt aufzuzählen: „Papa hat die Sahne geholt, Mama die Kamera, Opa das Spielehaus und Timo die neue Kleidung für Jona.

„Tante Gerda und Onkel Willi sind schon sehr früh gegangen und ich habe sie zur Tür gebracht!", meint Paul. „Weil Onkel Willi über meine Schuhe gestolpert ist, bin ich mir sicher, dass sie noch da waren." „Super!", freut sich Lina. „Dann können wir die beiden als Täter ausschließen." Zufrieden streichtt sie die beiden Karten durch. Paul überlegt weiter. „Christian und Charlotte waren die ganze Zeit bei uns", meint er schließlich. „Sie können es auch nicht gewesen sein!" Als Lina zustimmend nickt, streicht er die nächsten zwei Bilder durch. Christa und Wilhelm konnten gar nicht von ihren Plätzen aufstehen", fällt Lina ein. „Die beiden können wir auch ausschließen." Paul ist zufrieden. „Das läuft ja super! Schon wieder zwei Verdächtige weniger!"

Lina überlegt weiter, wie der Nachmittag verlaufen ist, und muss plötzlich grinsen: „Nathalie ist nach dem Apfelsaftunfall nicht mehr vom Stuhl aufgestanden. Sie kann es auch nicht gewesen sein!" Auch Paul muss grinsen. „Oh ja, und Jona und Annalena waren danach nur noch in dem Spielehaus, das Opa für sie geholt hat." Somit können sie drei weitere Bilder durchstreichen.

„Opa hat also nochmal das Wohnzimmer verlassen und war ganz schön lange weg", überlegt Paul. „Was ist mit Oma?", will Lina wissen. „Hat sie das Haus verlassen?" Paul denkt nach und schüttelt schließlich den Kopf. „Oma war die ganze Zeit an ihrem Platz oder in der Küche und von dort kommt man nicht zur Haustür." Lina streicht sofort ihr Bild durch. „Papa hat übrigens die ganze Zeit das Spiel vorbereitet. Er hat so viele Origamifiguren nachgebastelt, dass er wohl kaum den Raum verlassen hat." Paul ist sich auch sicher, dass Papa die ganze Zeit im Wohnzimmer war.

Auf Spürnasenjagd

Nun sind nur noch drei Personen übrig. „Mama, Opa und Timo konnten wir bisher nicht ausschließen“, murmelt Lina. Plötzlich hat Paul eine Idee. „Mama hat doch draußen ein Bild gemacht, oder?“, ruft er aufgeregt. Lina versteht sofort, was ihr Bruder meint. „Ja, gute Idee!“, ruft sie begeistert. „Wir brauchen unbedingt die Fotos von Mama, um zu sehen, ob deine Schuhe darauf zu sehen sind.

„Das ist aber eine tolle Idee!“, ruft Mama vergnügt, als Lina und Paul ihr erzählen, dass sie ein Fotoalbum mit Bildern von der Feier für Oma gestalten wollen. „Gerne könnt ihr meine Fotos dafür nehmen.“Lina und Paul suchen sofort ungeduldig nach dem Bild vor dem Haus. „Da ist es und die Schuhe sind beide da!“, meint Paul. „Danach sind wir reingegangen und niemand war mehr draußen, weil wir zusammen das Spiel gemacht haben.“ Auch Lina überlegt laut. „Und nach dem Spiel sind wir nach Hause gegangen.“ Eine Weile schweigen beide. „Das kann doch nicht sein! Wir müssen einen Fehler gemacht haben“, ärgert sich Lina. Auch Paul ist frustriert. „Detektiv dürfen wir wohl beide nicht werden!“

Plötzlich klingelt es an der Tür. Mama öffnet.

Der Täter steht vor der Tür. Wer ist es?

Lösung:

Leise Stimmen sind zu hören. „Paul!“, ruft sie kurz darauf laut. „Dein Schuh ist wieder da.“ Paul schaut Lina überrascht an und stürmt dann sofort die Treppe hinunter, gefolgt von seiner Schwester. Ihre Nachbarin Frau Nemeyer steht in der Tür. „Meine Hündin Daisey hat den Schuh angeschleppt und wegen der Größe habe ich mir schon gedacht, dass er dir gehören muss.“ Paul bedankt sich und greift nach dem Schuh. Dann fühlt er sofort nach dem Geld. Es ist noch da. Erleichtert nickt er Lina zu. Lina schaut ihren Bruder triumphierend an, hält ihre Hand hoch und ruft: „Super, schlag ein! Der Fall ist gelöst!“ Auch Paul ist glücklich, und zwar nicht nur, weil sein Geld nun wieder da ist. Lina und er hatten doch recht, dass kein Gast der Täter gewesen sein könnte. Nur an Daisey hatten beide nicht gedacht. „So schlechte Detektive waren wir also doch nicht!“

Kopiervorlage: Auf Spürnasenjagd

Der Koch 	Der Kellner 	Cousin Jona 	Cousine Annalena 
Onkel Timo 	Tante Nathalie 	Onkel Christian 	Tante Charlotte 
Oma Annegret 	Opa Werner 	Mama Katharina 	Papa Michael 
Christa 	Wilhelm 	Großtante Gerda 	Großonkel Willi 

Legematerial: Auf Spürnasenjagd

• arbeitet im Restaurant • war sehr beschäftigt • war nur einmal im Raum	• arbeitet im Restaurant • war sehr beschäftigt • hat mehrmals den Raum betreten	• hat Puzzleteile unter dem Tisch gesucht • hat den Teppich von Oma beschmutzt • hat ein Apfelsaftglas umgekippt	• hat Puzzleteile unter dem Tisch gesucht • hatte Streit mit den Eltern • hat mit Vater Timo das Haus vor Beginn der Feier verlassen
• gab Paul 50 Euro • hat mit Annalena wegen eines Streits das Haus noch vor Beginn der Feier verlassen • verließ später das Haus erneut, um Ersatzkleidung für Jona zu holen	• ein Apfelsaftglas kippte auf ihre Hose • wollte wegen der nassen Hose nicht mehr aufstehen • fühlte sich von Jonas und Annalenas Verhalten gestresst	• kennt sich mit Geldverstecken gut aus • hat von Pauls Geldversteck gewusst • hat mit Paul während der Feier ein Spiel gemacht	• sehr freundlich und hilfsbereit • hat während der Feier Linas Haare geflochten • hat zur Aufbewahrung des Geldes eine Spardose vorgeschlagen
• war sehr mit den Gästen und Geschenken beschäftigt • war oft in der Küche • hat Paul zur Geldaufbewahrung ein Sparbuch vorgeschlagen	• ist manchmal etwas forsch und unhöflich • hat das Spielehaus für Jona und Annalena geholt • hat seinen 70. Geburtstag im gleichen Restaurant gefeiert	• hat das Haus verlassen, um eine Kamera von zu Hause zu holen • hat während der Feier fotografiert • hat Oma das E-Bike geschenkt	• hat das Haus verlassen, um Sahne zu holen • hat das Origamiquiz vorbereitet • hat Oma das E-Bike geschenkt
• trägt eine Brille, die regelmäßig verlegt wird • saß eingezwängt neben Paul und Christian • hat Oma Annegret Theaterkarten geschenkt	• hat sich während der Feier sehr ruhig und unauffällig verhalten • saß eingezwängt neben Paul und Christian • hat während der Feier seine Brille verlegt und gesucht	• hat die Gäste gut unterhalten und viel erzählt • hat schon früh mit Willi die Feier verlassen • hat Oma Annegret selbstgemachte Pralinen geschenkt	• ist sehr ruhig und zurückhaltend • hat wegen einer Durchfall-erkrankung die Feier früh verlassen • ist über Pauls Schuhe gestolpert

Krimigeschichten
Lesemotivation steigern durch „spannende Fälle“ – Bestell-Nr. 15 080
KOHL VERLAG

Legematerial: Auf Spürnasenjagd

K	C	A	D
A	D	L	E
A	D	E	M
Y	E	S	I

Auf Schatzkartensuche

„Hans? Ist die Insel schon in Sicht?“ Hakenhand Hans späht über den Rand des Mastkorbs zu seinen zwei Piratenkollegen hinunter. Säbelzahn Sebi steht unten auf dem Deck des Piratenschiffes am Steuer und schaut nun erwartungsvoll zu ihm nach oben. Möglichst unauffällig sieht Hakenhand Hans sich gründlich in alle Richtungen um. Statt nach Schiffen und Inseln Ausschau zu halten, hat er nämlich heimlich im Ausguck in seinem spannenden Piratenroman gelesen. Doch in alle Richtungen ist nur Horizont zu sehen. „Kein Land in Sicht!“, ruft er Säbelzahn Sebi zu. Holzbein Holger steht vorne im Bug und schaut durch das Fernrohr aufs Meer. Wahrscheinlich träumt er mal wieder von seiner Elvira. Holger ist nämlich frisch verliebt und deshalb zur Zeit als Pirat kaum zu gebrauchen. Für Schätze interessiert er sich nur noch, wenn es um Perlenketten und Goldringe geht, die er Elvira schenken könnte, und ständig verschickt er eine Flaschenpost, die mit vielen roten Herzchen bemalt ist.

Bevor die drei Piratenfreunde das nächste Schiff überfallen wollen, möchten sie sich auf einer einsamen Insel in einer Ankerbucht etwas ausruhen. „Kokospalmen, Sandstrände und klares Wasser!“ hat ihnen Säbelzahn Sebi dort versprochen. Hakenhand Hans kann es jedenfalls kaum erwarten, dort am Strand seine Hängematte aufzuhängen und hoffentlich endlich mal ungestört sein spannendes Piratenbuch weiterzulesen. Säbelzahn Sebi plant dagegen, für sein Diamant-Schwimmabzeichen zu üben. Noch ist er Nichtschwimmer. Doch das soll sich nun endlich ändern.

„Insel in Sicht!“, ruft Holzbein Holger plötzlich. Hakenhand Hans, der sich im Mastkorb wieder in sein Buch vertieft hat, schreckt zusammen und sieht sich sofort um. Tatsächlich! Nun ist es endlich nicht mehr weit.

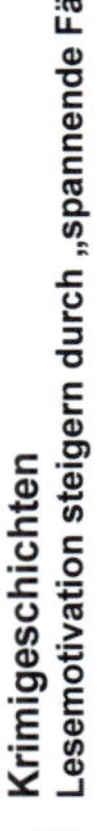
Krimigeschichten
Lesemotivation steigern durch „spannende Fälle“ – Bestell-Nr. 15 080
KOHL VERLAG

Auf Schatzkartensuche

Kurze Zeit später lassen die drei Piratenfreunde in einer Traumbucht den Anker fallen. Ein langer Sandstrand liegt vor ihnen. Am linken Ende der Bucht ragen drei Felsnadeln aus dem Wasser. Rechts wird die Bucht von einem großen, im Wasser liegenden, Felsen abgeschlossen. Hakenhand Hans läuft sofort zur roten Box am Heck des Schiffes, die sich zwischen Flagge und Rettungsring befindet. Darin liegen die Ruder für das Beiboot. „Ich möchte sofort an Land und meine Hängematte aufhängen. Kommt ihr mit?“ Als beide Freunde die Köpfe schütteln, macht sich Hakenhand Hans alleine auf den Weg. „Endlich wieder festen Boden unter den Füßen“, seufzt er kurz darauf glücklich und zieht das Beiboot auf den Strand. Während er nach einem geeigneten Platz für seine Hängematte Ausschau hält, entdeckt er plötzlich am Strand eine Flaschenpost. Begeistert winkend versucht er, seine Freunde, die sich auf dem Deck des Piratenschiffes aufhalten, auf seinen Fund aufmerksam zu machen.

„Womit winkt Hans denn da?“, murmelt Säbezahn Sebi. „Ist das etwa eine Flaschenpost mit einer Schatzkarte?“ Holzbein Holger seufzt. „Ich dachte, wir wollen uns hier ausruhen!“ Säbelzahn Sebi sieht ihn genervt an. „Mann, wir sind Piraten! Wenn es einen Schatz gibt, dann suchen wir ihn. Denk doch mal an Elviras Augen, wenn du mit Schmuck und Diamanten zurückkehrst.“ Nun hat auch Holzbein Holger die Vorfreude auf eine Schatzsuche gepackt. Gespannt beobachten die beiden Piraten vom Deck aus Hakenhand Hans, der anscheinend Schwierigkeiten hat, mit seiner Hakenhand den Zettel aus der Flasche herauszuholen. Kurze Zeit später hält er aber doch eine aufgerollte Karte in den Händen. Hakenhand Hans setzt sich damit in den Sand, legt die Flasche neben sich und rollt den Zettel ab. Eine Insel ist darauf zu sehen, auf der ein Kreuz eingezeichnet ist. Eine Schatzkarte! Was für ein Glück! Begeistert studiert er die Karte und jubelt so laut, dass seine Freunde ihn vom Schiff aus deutlich hören können. Überglücklich reckt Hakenhand Hans seine gesunde Hand, in der er die Karte hält, in die Luft und lässt sich rücklings in den Sand fallen. Die Sonne blendet so sehr, dass er die Augen schließt. Sofort beginnt er zu träumen. Wenn sie den Schatz finden, wird er lange nicht mehr Schiffe überfallen oder auf Schatzsuche gehen müssen. Er wird endlich richtig viel Zeit zum Lesen haben… Während Hakenhand Hans seinen Gedanken nachhängt und vor sich hinträumt, schläft er ein und lässt unbemerkt die Karte neben sich in den Sand fallen.

Auf dem Deck des Schiffes schauen sich Säbelzahn Sebi und Holzbein Holger verwundert an und verfolgen dann erschrocken, was nun passiert. Zwei Möwen landen neben Hakenhand Hans im Sand, schnappen nach der Schatzkarte und versuchen sich diese gegenseitig aus dem Schnabel zu reißen. Es dauert nicht lange, bis die Schatzkarte nur noch aus Einzelteilen besteht. „Wieso macht Hans denn nichts?“, regt sich Säbelzahn Sebi auf. „Schnell, wir müssen zum Strand und die Teile einsammeln!“

Auf Schatzkartensuche

Doch als Säbelzahn Sebi einfällt, dass das Beiboot bereits am Strand liegt, ist er nicht mehr so fest entschlossen, die Schatzkarte zu retten. „Wir müssen schwimmen“, stellt auch Holzbein Holger fest. Unsicher schaut Säbelzahn Sebi hinunter ins Wasser.

Als Nichtschwimmer traut er sich den weiten Weg bis zum Strand nicht zu. Wie wichtig es ist, dass er endlich schwimmen lernt, merkt er nun mal wieder. So ein Mist, wahrscheinlich geht ihnen deshalb der Schatz durch die Lappen! „Nimm den Schwimmring hier. Dann kann nichts passieren!“, ruft Holzbein Holger und wirft ihm den Rettungsring zu. Dann springt er mit einem lauten Platschen ins Wasser und sieht Säbelzahn Sebi erwartungsvoll an. „Die Schatzkarte löst sich gerade in Nichts auf und du stehst hier immer noch ängstlich rum. „Verflixt, Holger hat recht“, denkt sich Säbelzahn Sebi, umklammert fest den Rettungsring und springt. Platsch! Erleichtert stellt er fest, dass er samt Rettungsring nicht untergegangen ist und nun sogar von Holzbein Holger an Land gezogen wird.

Am Strand angekommen rennt Holzbein Holger sofort los, um Hakenhand Hans zu wecken. Säbelzahn Sebis Knie zittern immer noch vor Aufregung und er atmet erleichtert auf, als er wieder festen Boden unter den Füßen hat. Mit etwas Abstand folgt er Holzbein Holger und sieht plötzlich vor sich einen Papierfetzen über den Strand auf das Wasser wehen. Das kann eigentlich nur ein Teil der Schatzkarte sein. Zögernd schaut Säbelzahn Sebi dem Stück Papier nach, dass nun einige Meter vom Strand entfernt auf der Wasseroberfläche schwimmt und immer weiter vom Strand wegtreibt. Säbelzahn Sebi weiß, dass er keine andere Wahl hat, als sich nochmal in die gefährlichen Fluten zu stürzen. Im Rettungsring paddelt er mit den Händen so schnell wie möglich hinter dem Schatzkartenteil her. Nur noch ein paar Meter, nur noch ein paar Zentimeter! Dann hält er den durchweichten Papierfetzen triumphierend hoch. „Schaut mal!“, ruft er Hakenhand Hans und Holzbein Holger zu, die erstaunt vom Strand zu ihm hinüberschauen. „Ein Teil der Seekarte!“, lacht Hakenhand Hans. „Und wir dachten schon, du übst für dein Schwimmabzeichen, statt uns zu helfen!“ Auch Holzbein Holger jubelt: „Los, schwimm schnell zu uns rüber!“

Kurz darauf beugen sich die drei Piraten begeistert über den Schatzkartenabschnitt. Darauf ist ein Dschungel zu sehen, indem sich ein wunderschöner Wasserfall in einen Pool mit tiefem, dunkelblauem Wasser ergießt.

KOHL VERLAG Lernen mit Erfolg
Krimigeschichten
Lesemotivation steigern durch „spannende Fälle“ – Bestell-Nr. 15 080

Auf Schatzkartensuche

„Der hilft uns kaum weiter!“, murmelt Holzbein Holger kurz darauf enttäuscht. „Wir brauchen unbedingt die anderen Teile der Karte, sonst finden wir den Schatz nie. Kannst du dich wirklich gar nicht an die Karte erinnern?“, fragt er Hakenhand Hans. Dieser schüttelt betreten den Kopf. Hätte er doch bloß besser auf die Karte aufgepasst oder sie zumindest genauer angeschaut. Säbelzahn Sebi steht entschlossen auf. „Na los! Worauf warten wir noch? Die Schatzkartensuche beginnt!“

Schon bald hat Säbelzahn Sebi etwas entdeckt. „Schaut mal dort!“ Er hat seinen Kopf in den Nacken gelegt und zeigt zu einer hohen Palme hinauf. Tatsächlich! Zwischen den Palmblättern ist ein Teil der Schatzkarte hängengeblieben und bewegt sich leicht im Wind. „Wie sollen wir denn dort hinaufkommen?“, murmelt Hakenhand Hans. „Das kannst du dir überlegen“, meint Holzbein Holger. „Schließlich haben wir es dir zu verdanken, dass die Schatzkarte kaputt ist.“ Säbelzahn Sebi nickt zustimmend. „Das ist nicht euer Ernst!“, ruft Hakenhand Hans empört. „Immer muss ich alles machen. Ihr bringt mich echt auf die Palme!“ Säbelzahn Sebi grinst. „Genau das ist der Plan! Dann bekommen wir nämlich den Schatzkartenteil, der dort oben flattert.“ Hakenhand Hans sieht unsicher an der Palme hoch. Ihm wird ganz schwindelig. Sogar im Mastkorb hat er Höhenangst. Aber die Palme ist noch höher und vor allem ist er dort beim Klettern nicht so gut gesichert. Seufzend nimmt er all seinen Mut zusammen. Beim Hochklettern hakt er sich mit seiner Hakenhand immer wieder am Stamm ein. Nur nicht nach unten schauen! Ganz langsam nähert er sich dem Papierfetzen, während Säbelzahn Sebi und Holzbein Holger erwartungsvoll zu ihm nach oben schauen. Endlich kann Hakenhand Hans den Schatzkartenteil mit der Hakenhand aufspießen. „Hoffentlich hast du nicht an einer wichtigen Stelle das Loch ins Papier gebohrt“, nörgelt Holzbein Holger. Vorsichtig gleitet Hakenhand Hans an der Palme herunter und landet schließlich wieder sicher neben seinen Freunden im Sand. „Die beiden Teile passen genau zusammen! Wie ein Puzzle!“, ruft Säbelzahn Sebi begeistert. „Trotzdem kann man noch nicht viel erkennen. Wir brauchen die anderen Teile, die noch fehlen“, meint Hakenhand Hans. Holzbein Holger sieht etwas besorgt aus. Denn auf dem neuen Schatzkartenteil ist ein Sumpf mit Krokodilen zu sehen. „Es scheint hier nicht ganz ungefährlich zu sein“, murmelt er unsicher.

Die drei Piraten suchen am Strand weiter. „Oh schaut mal!“, ruft Holzbein Holger auf einmal. „So schöne Blüten!“ Verträumt schlendert er zwischen bunten Sträuchern umher. „Man Holger, wir suchen die Schatzkarte und du kannst wieder nur an deine Elvira denken!“, beschwert sich Hakenhand Hans. Auch Säbelzahn Sebi verdreht die Augen.

Auf Schatzkartensuche

Doch Holzbein Holger lässt sich die Stimmung nicht verderben. „So schöne bunte Blüten habe ich noch nie gesehen!“, murmelt er vor sich hin. „Das sind übrigens Frangipani!“, erklärt ihm Säbelzahn Sebi. „Es gibt sie in verschiedenen Farben, einige sind sogar mehrfarbig.“ Holzbein Holger kann sich an den bunten Blüten gar nicht sattsehen. Doch plötzlich wird er aus seinen Träumen gerissen. In einer Blüte direkt vor ihm sind nicht nur bunte Blütenblätter zu sehen, sondern auch ein Zettel. Säbelzahn Sebi ist seinem Blick gefolgt. „Ein Schatzkartenteil!“, ruft er begeistert, während Holzbein Holger hastig danach greift. Für einen kurzen Moment ist seine Elvira vergessen. „Teil drei!“, ruft er triumphierend.

Am Strand schauen sich die drei Piraten die drei Schatzkartenteile genau an. Das neue Puzzleteil zeigt einen Krebsstrand und kann nicht an die anderen Teile angelegt werden. „Ich habe Puzzle noch nie gemocht!“, meint Hakenhand Hans. „Wenn sie unvollständig sind, erst recht nicht!“ „Tja, dieses ist leider sehr unvollständig“, fügt Säbelzahn Sebi hinzu. „So unvollständig, dass wir dieses Puzzleteil gar nicht anlegen können.“ Hakenhand Hans seufzt. „Das ist doch verrückt. Wir suchen nicht nach einem Schatz, sondern nach einer Schatzkarte, die auch noch aus mehreren Teilen besteht.“ Als Hakenhand Hans frustriert die Schatzkartenteile in seine Hemdtasche steckt, fällt ihm etwas auf. „Auf der Rückseite der Puzzleteile steht etwas!“ Wieder stecken die drei Piraten die Köpfe zusammen. „Vielleicht ist dies eine Wegbeschreibung zum Schatz“, vermutet Säbelzahn Sebi. „Oder Hinweise, die wir bei der Schatzsuche beachten müssen!“ Holzbein Holger ist etwas anderes aufgefallen. Auf seinem Gesicht breitet sich ein verträumtes Grinsen aus. „Dort steht etwas von Perlenmuscheln. Wir müssen unbedingt herausfinden, wo sich die Muscheln befinden. Elvira wird Augen machen, wenn ich mit unzähligen Perlen zurückkomme …“ Hakenhand Hans und Säbelzahn Sebi verdrehen die Augen. Doch auch sie sind sich einig, dass sie die noch fehlenden Schatzkartenteile unbedingt finden müssen.

„Mann, was war denn das?“ Holzbein Holger schaut verärgert nach oben. „Das ist ja wohl nicht wahr!“, ruft er empört. „Ist das etwa Kot?“ Auch Hakenhand Hans und Säbelzahn Sebi haben mittlerweile eine Möwe über sich in der Palme entdeckt. Doch es bleibt keine Zeit, sich über den Möwenschiss zu ärgern. Denn die Möwe hält einen Papierfetzen im Schnabel. „Schatzkartenteil Nummer vier!“, murmelt Hakenhand Hans. „Aber wie bekommen wir den nur?“ Säbelzahn Sebi hat schon eine Idee und grinst. „Lasst mich mal machen!“, meint er. „Kennt ihr schon die neusten Piratenwitze?“ Seine beiden Freunde schauen ihn verwirrt an. „Was ist das Lieblingsessen von Piraten?“, legt Sebi los und wartet eine Antwort gar nicht ab. „Kapern!“, ruft er grölend. Auch Hakenhand Hans und Holzbein Holger brechen in Gelächter aus. Erst jetzt versteht Holzbein Holger Säbelzahn Sebis Plan. Die Möwe soll lachen, dabei den Schnabel öffnen und den Schatzkartenteil verlieren.

Krimigeschichten
Lesemotivation steigern durch „spannende Fälle“ – Bestell-Nr. 15 080

Auf Schatzkartensuche

Doch die Möwe sitzt unbeirrt oben in der Palme. Aber Säbelzahn Sebi gibt nicht auf. „Was macht ein Pirat am Computer?“, fragt er nun. Seine Freunde schauen ihn erwartungsvoll an. „Er drückt ENTER“, ruft Säbelzahn Sebi lachend. Wieder regt die Möwe sich nicht. „Ich hoffe, du weißt noch ein paar mehr Witze“, meint Hakenhand Hans. „Einen Sinn für deinen Humor scheint sie nicht zu haben“. Auch Säbelzahn Sebi schaut besorgt zu der muffeligen Möwe hinauf. „Jetzt lach doch mal mit!“, meint Holger zu der Möwe. Säbelzahn Sebi hat sich inzwischen einen nächsten Witz überlegt: „Sagt ein Pirat zu einem Piraten mit Augenklappe: Lass uns das unter 4 Augen besprechen!“ Nun lachen nicht nur die drei Piraten. Auch die Möwe kreischt vor Begeisterung. Dabei fällt ihr der Schatzkartenteil aus dem Schnabel. Begeistert stürzen sich die Piraten darauf. „Also doch eine Lachmöwe!“, freut sich Holzbein Holger. Diese schaut den drei verrückten Piraten verwirrt zu, als diese aufgeregt das Puzzle in den Sand legen. „Schaut mal! Auf dem neuen Abschnitt ist ein Kreuz!“, ruft Hakenhand Hans. Holzbein Holger nickt. „Endlich! Wir können es sogar anlegen. Der Schatz scheint zwischen vier Palmen versteckt zu sein“. Grübelnd schauen sich die drei Piraten die Schatzkartenteile an. „So bringt uns die Karte immer noch nicht weiter. Es fehlen noch zu viele Teile!“

Die Piraten haben mittlerweile fast den ganzen Strand abgesucht. „Die Teile können sonstwo sein!“, meint Hakenhand Hans frustriert. „Im Haifischmagen, auf dem Meeresgrund, mitten auf dem Ozean. Wir suchen Nadeln im Heuhaufen!“ „Ich brauch auch mal `ne Pause!“, sagt Holzbein Holger und lässt sich auf einen Stein am Strand fallen. Erschrocken springt er auf und dreht sich um, als sich der Fels unter ihm bewegt. „Eine Schildkröte!“, ruft er erleichtert. Die Riesenschildkröte hat überrascht über die Störung ihren Kopf unter dem dicken Panzer herausgestreckt. „Was hast du denn da im Schnabel?“, ruft Säbelzahn Sebi sofort und eilt zur Schildkröte, um es sich etwas genauer anzusehen. „Ein Schatzkartenteil!“, ruft er. Vorsichtig versucht er, das Stück Papier aus dem Schnabel des großen Tieres zu ziehen. Doch die Schildkröte schaut ihn nur ausdruckslos an und gibt es nicht frei. Säbelzahn Sebi versucht es erneut und merkt, wie Ärger in ihm aufsteigt. „Jetzt lass doch schon los!“ Holzbein Holger mischt sich ein. „Könntest du uns bitte den Zettel geben, der in deinem Schnabel steckt. Er ist ein Teil von einem Puzzle, das wir lösen wollen. Vier Teile haben wir schon und wir suchen noch nach den restlichen verlorengegangenen Puzzlestücken.“ Als die Schildkröte nicht reagiert, wird Säbelzahn Sebi immer wütender. „Sei doch nicht so stur und gib uns endlich das Teil!“, schnauzt er die Schildkröte an. Hakenhand Hans verdreht die Augen. „Mann, das bringt doch so nichts!“, kommentiert er Säbelzahns Sebis Verhalten. Dann wendet er sich der Schildkröte zu. „Wir suchen einen Schatz. Den Zettel, den du im Schnabel hältst, brauchen wir dringend, um das Versteck zu finden. Wenn du uns hilfst, geben wir dir einen Teil der Beute ab.“

Auf Schatzkartensuche

Die Schildkröte zögert kurz und gibt schließlich den Zettel frei. „Bei der Schatzsuche kann ich euch nicht behilflich sein“, spricht sie langsam mit sanfter Stimme. „Aber kommt bitte hierher zurück, sobald ihr den Schatz gefunden habt. Ich freue mich, euch helfen zu können!“ Die Piraten nicken. „Danke! Du kannst dich auf uns verlassen“, ruft Hakenhand Hans und beginnt sofort zu puzzeln. Tatsächlich können sie das fünfte Teil anlegen. Darauf ist ein Gebirge mit Seeadlern zu sehen, das sich südlich des Krokodilsumpfes befindet.

„Ich bekomme langsam Hunger!“, sagt Holzbein Holger und sieht sich nach leckeren tropischen Früchten um. „Wie wär´s mit einer Kokosnuss?“, schlägt Hakenhand Hans vor und deutet auf einen großen Haufen aus Kokosnüssen. „Wer die Nüsse wohl so ordentlich aufgestapelt hat?“, überlegt Säbelzahn Sebi, während sie auf den Kokosnussberg zulaufen. „Eine darf ich mir bestimmt nehmen“, meint Holzbein Holger. Während er überlegt welche Kokosnuss er sich nehmen kann, ohne dass der Stapel in sich zusammenfällt, macht Hakenhand Hans eine Entdeckung. „Das sieht doch ganz nach einem weiteren Stück Schatzkarte aus!“, ruft er und deutet auf ein Stück Papier, das oben im Haufen zwischen zwei Kokosnüssen feststeckt. „Na, los!“, fordert Säbelzahn Sebi ihn auf.

„Du bist der Kleinste und Leichteste von uns, Hans. Wenn es jemand schafft, den Zettel zu holen, ohne den Kokosnussberg zum Einsturz zu bringen, bist du das.“ Hakenhand Hans ist davon gar nicht überzeugt. Der Haufen sieht ziemlich kippelig und instabil aus. Holzbein Holger hat sich mittlerweile mit einer Kokosnuss an den Strand gesetzt und schlürft die leckere Kokosmilch. Vorsichtig versucht Hakenhand Hans, den Nussberg zu erklimmen. Doch schon beim ersten Schritt beginnen die Nüsse zu wackeln. Sofort steigt er langsam zurück. „So geht das nicht. Wir müssen uns etwas anderes überlegen“, murmelt er. Säbelzahn Sebi hat bereits eine Idee und sucht nach einem langen Ast. „Her mit der Hakenhand!“, ruft er Hakenhand Hans zu. „Damit bauen wir jetzt eine Angel.“

Die Idee ist gar nicht so schlecht. Zunächst etwas ungeschickt versucht Säbelzahn Sebi mit der Hakenhand, die er an einem Ast befestigt hat, den Schatzkartenteil aufzuspießen. Gespannt sehen seine Freunde ihm dabei zu. Endlich löst sich der Zettel und segelt zu Boden. Bevor er auf dem Sandstrand landet, greift Hakenhand Hans mit seiner unversehrten Hand danach.

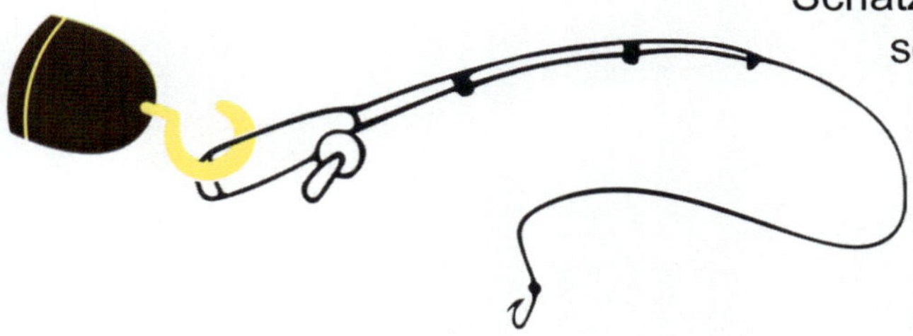

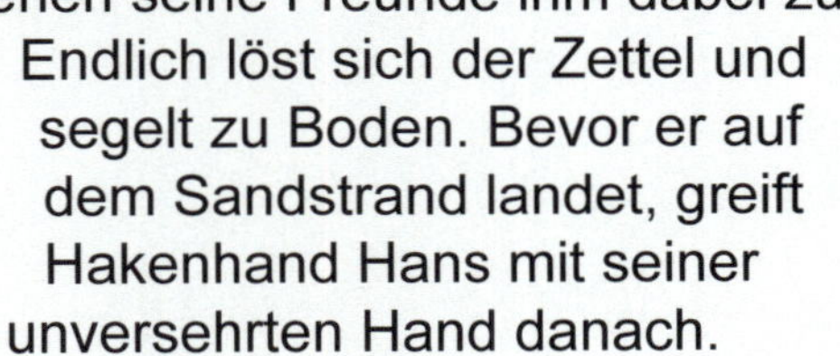

KOHL VERLAG Krimigeschichten Lesemotivation steigern durch „spannende Fälle“ – Bestell-Nr. 15 080

Auf Schatzkartensuche

„Teil 6!“, ruft er triumphierend. Darauf ist ein Teil des Gebirges, das offensichtlich an die Küste grenzt. Ein Berg fällt wegen seiner braunen Farbe besonders auf. Vollständig ist die Karte damit allerdings immer noch lange nicht. „Lasst uns das Puzzle einmal umdrehen! Vielleicht hilft uns die Rückseite weiter“, schlägt Säbelzahn Sebi vor. Die drei Piraten versuchen, den lückenhaften Text zu entschlüsseln. „Das bringt uns auch nicht weiter“, mault Hakenhand Hans. „Wir brauchen die anderen Puzzleteile!“ „Den Strand haben wir mittlerweile fast komplett abgesucht“, meint Säbelzahn Sebi. „Vielleicht sollten wir im Landesinneren der Insel mal unser Glück versuchen.“ Seine Piratenfreunde nicken. „Kommt!“, meint Holzbein Holger und bahnt sich einen Weg ins Inselinnere.

Kurz darauf befinden sich die drei Piraten inmitten eines dichten Dschungels. Ungewohnte Geräusche erklingen aus allen Richtungen und je weiter sie sich vom Strand entfernen, desto leiser wird das Wellenrauschen. „Wir müssen aufpassen, dass wir uns nicht verlaufen“, merkt Säbelzahn Sebi an. Wie ein Echo erklingt nun ein lautes Kreischen direkt neben ihnen. „Nicht verlaufen, nicht verlaufen!“

Erschrocken drehen sich die drei Freunde in die Richtung der unbekannten Stimme um. Die drei Piraten können ihren Augen kaum trauen. Ein roter Papagei jongliert mit seinen Flügeln drei Papierbälle. „Wow, du bist ja ein richtiger Akrobat“, lobt Holzbein Holger, der als erstes die Sprache wiedergefunden hat. „Akrobat, Akrobat!“, bestätigt der Vogel. Die drei Piraten sind so fasziniert von dem geschickten Papagei, dass sie zunächst nicht bemerken, aus welchem Papier die Jonglierbälle sind. Erst als dem Papagei ein Papierball aus den Flügeln fällt und auf dem Boden landet, fällt Hakenhand Hans etwas auf. „Wo hast du das Papier für die Bälle her?“, will er sofort wissen. „Ich hab´s am Strand gefunden“, antwortet der bunte Vogel. Hakenhand Hans nimmt sich den zu Boden gefallenen Papierknödel und entfaltet das Papier. Tatsächlich! „Hör mal!“, spricht Holzbein Holger den Papagei an. „Deine Papierbälle sind Teil unserer Schatzkarte. Wenn du uns beim Suchen hilfst, bekommst du etwas von der Beute ab.“ Der Papagei nickt und kräht: „Beute ab, Beute ab!“

Auf Schatzkartensuche

„Erstmal sollten wir allerdings unsere Puzzleteile zusammensetzen“, meint Hakenhand Hans und beginnt die Schatzkartenteile aneinander zu legen. Ein Teil zeigt ein Schiffswrack mit grauen Segeln. „Vielleicht ist auf dem gesunkenen Schiff auch ein Schatz versteckt“, überlegt Holzein Holger. „Wir sollten dort auf jeden Fall mal nachschauen.“ Seine Freunde nicken. Säbelzahn Sebi hat sich bereits die anderen beiden Schatzkartenteile angesehen. „Schaut doch mal: Die Felsnadeln und dieser große Felsen … das ist unsere Ankerbucht. Wir sind schon auf der Schatzinsel!“, ruft Säbelzahn Sebi begeistert. „Und die Karte ist nun fast vollständig!“, jubelt auch Holzbein Holger. „Der Schatz ist zum Greifen nah!“ Davon ist Hakenhand Hans noch nicht überzeugt. „Ich frage mich, wo genau wir uns nun überhaupt befinden. Es ist wahrscheinlich schwierig, über die Berge zum Schatz zu kommen, und mit unserem Piratenschiff näher heranzusegeln, scheint auch keinen Sinn zu machen. Hier ist überall Steilküste!“ Säbelzahn Sebi überlegt: „Hier fehlt noch ein Teil rechts neben dem Kreuz. Das könnte uns wahrscheinlich weiterhelfen.“ Dann schaut er den Papagei erwartungsvoll an. „Hast du eine Idee, wo wir weitersuchen könnten?“ Der Papagei zuckt mit den Flügeln. „Suchen, suchen!“, kreischt er. „Mir ist eh viel zu heiß, um weiterzulaufen!“, stöhnt Hakenhand Hans. Nun scheint der Papagei eine Idee zu haben. „Kommt mit!“, krächzt er. Überrascht schauen die drei Piraten den bunten Vogel an. Geschickt und schnell flattert der Papagei vorweg, sodass ihm die drei Freunde kaum folgen können. „Nun warte doch mal!“, mault Hakenhand Hans und wischt sich den Schweiß von der Stirn. „Was willst du uns überhaupt zeigen?“

Plötzlich hören sie ein leises Rauschen, das langsam immer lauter wird. „Sind wir etwa schon fast auf der anderen Seite der Insel?“, fragt Säbelzahn Sebi. Der Papagei schüttelt den Kopf und deutet seinen neuen Freunden an, ihm zu folgen. Das Rauschen wird lauter und lauter, aber der Dschungel ist immer noch sehr dicht. Deshalb sehen die Piraten den Wasserfall erst, als sie direkt vor ihm stehen. Mindestens aus drei Metern Höhe fällt das Wasser an einem Felsen hinunter in ein Wasserbecken. „Nun wissen wir auch, wo wir uns auf der Schatzinsel befinden“, stellt Holzbein Holger zufrieden fest und zieht das Schatzkartenteil mit dem Wasserfall aus der Jackentasche. Zwischen ihnen und dem Schatz befinden sich laut Schatzkarte die steilen Berge und ein Sumpf. Doch Hakenhand Hans hat den Schatz für einen Moment vergessen. „Hier könnten wir eigentlich eine kleine Badepause einlegen“, schlägt er vor. „Keine schlechte Idee!“, antwortet Holzbein Holger. „Denn wir brauchen auf jeden Fall den Schatzkartenteil dort!“ Überrascht schauen Säbelzahn Sebi und Hakenhand Hans ihn an und folgen dann seinem Blick.

Auf Schatzkartensuche

Inmitten des Strudels im Wasserbecken, den der Wasserfall erzeugt, tanzt ein Stück Papier auf der Wasseroberfläche. „Sebi, das wäre doch eine tolle Übung für dein Schwimmabzeichen!“, meint Holzbein Holger. „Schwimmabzeichen! Schwimmabzeichen!“, kreischt der Papagei. Säbelzahn Sebi schaut sich unsicher das tiefe Wasserbecken mit den Strudeln an. Als hätte der Papagei die unangenehme Situation bemerkt, stürzt er sich plötzlich mit einem kräftigen Flügelschlag in den Wasserfall. Die drei Piraten jubeln, als der Papagei kurz darauf den Papierfetzen im Schnabel hält. Darauf sind eine Flussmündung und eine rote Boje abgebildet. „Ich weiß, wo wir es anlegen können!“, ruft Hakenhand Hans aufgeregt. Nach dem Puzzeln murmelt Säbelzahn Sebi: „Nun fehlt uns nur noch ein Teil.“ Auch Hakenhand Hans und Holzbein Holger haben sich über die fast vollständige Karte gebeugt. „Das wichtigste Teil ist aber leider immer noch nicht dabei“, meint Hakenhand Hans.

Mehrere Stunden später haben die drei Piraten einen Großteil der Insel abgesucht. Erschöpft und frustriert sitzen sie zusammen am Strand. „Ich bin total müde!“ gähnt Hakenhand Hans. „Ich würde gerne zum Schiff zurückkehren, um erstmal ´ne Runde zu schlafen.“ Fragend schaut er seine Freunde an. „Ich kann auch nicht mehr!“, schließt sich Säbelzahn Sebi an. Auch Hakenhand Hans nickt zustimmend. „Ausgeschlafen fällt uns vielleicht ein, wo wir noch weitersuchen können!“ Mit letzten Kräften lassen sich die drei ins Beiboot fallen. „Wow, ich glaub ich seh nicht richtig!“, ruft Säbelzahn Sebi auf einmal. Im selben Moment springt Holzbein Holger auf und dreht sich entsetzt zu ihm um. „Finger weg! Was fummelst du mir am Hintern herum?“, schreit er aufgebracht. „Die war unter deinem Po!“, grinst Säbelzahn Sebi und hält einen weiteren Schatzkartenteil triumphierend in der Hand.

„Jippie! Das letzte Teil! Endlich!“ Die Müdigkeit ist plötzlich vergessen und die drei setzen sofort alle Puzzleteile zusammen. Das letzte Kartenteil zeigt einen tiefen Fjord, an den ein Wald aus Kokospalmen angrenzt. Auf der anderen Seite des Waldes befindet sich eine Ankerbucht. Hakenhand Hans deutet mit dem Haken seiner Hand auf die vollständige Karte. „Hier sind zu viele Untiefen. Aber von dieser Ankerbucht müssten wir die Stelle mit dem Kreuz sicher erreichen können!“

Auf Schatzkartensuche

Er zeigt seinen Freunden auf der Karte einen möglichen Weg zum Schatz. Doch bevor sie sich auf den Weg machen, drehen sie die Schatzkarte um. „Endlich können wir den Text vollständig lesen“, freut sich Holzbein Holger. Säbelzahn Sebi und Holzbein Holger nicken begeistert.

So schnell wie möglich rudern sie zurück zum Piratenschiff, lichten sofort den Anker und segeln um die Schatzinsel herum. Auf dem Weg kommen sie an dem Schiffswrack mit den grauen Segeln vorbei. Während Säbelzahn Simon mit dem Piratenschiff vor der Steilküste auf und ab fährt, rudern seine Freunde mit dem Beiboot zum Wrack, um dies nach Schätzen abzusuchen. „Kein Schatz!“, mault Holzbein Holger, als sie zurückkehren. „Wir haben überall gesucht. Sogar im Mastkorb!“, bestätigt Hakenhand Hans. Säbelzahn Sebi steuert das Schiff weiter bis zur Ankerbucht, von der sie den Schatz auf der Insel erreichen wollen. Sobald das Schiff sicher vor Anker liegt, brechen die drei Piraten wieder mit dem Beiboot auf und gehen an Land. „Wenn wir in diese Richtung weiterlaufen, müssten wir bald den Fjord erreichen“, meint Säbelzahn Sebi. Doch Hakenhand Hans ist schon losgerannt, gefolgt vom humpelnden Holzbein Holger. Durch einen Palmenwald gelangen sie tatsächlich schnell an den schmalen Fjord. „Wir müssen auf die andere Seite“, japst Hakenhand Hans außer Atem. Die Piraten schauen an dem langen schmalen Meeresarm entlang. Das Ende des Fjordes ist weit in der Ferne zu erkennen. Es bleibt somit nur der Weg über das Wasser. Säbelzahn Sebi zittern die Knie, als er sieht, wie tief das Wasser ist. Schwimmen kommt für ihn auf keinen Fall in Frage. „Ich habe ein Seil dabei, damit können wir aus dem Treibholz ein Floß bauen“, schlägt er den anderen vor.

Nach einer Weile haben die Piraten und der Papagei genug brauchbares Treibholz gesammelt. Geschickt wickelt Säbelzahn Sebi das Seil um die Holzstücke herum. „Das sieht doch wirklich ganz seetüchtig aus!“, meint Hakenhand Hans, als sie das Floß ins Wasser schieben. Den Rettungsring fest umklammert sitzt Säbelzahn Sebi in der Mitte des Floßes, während seine Freunde ihn in Richtung Schatz paddeln.

Nachdem sie sicher das andere Fjordufer erreicht haben, geht Hakenhand Hans voran. „Es kann nicht mehr weit sein“, vermutet er, während sie durch eine felsige wenig bewachsene Ebene laufen. „Seht doch! Die vier Palmen! Dort muss es sein!“, ruft Holzbein Holger auf einmal und humpelt so schnell er kann. Inmitten der vier Palmen beginnen sie zu graben.

Krimigeschichten
Lesemotivation steigern durch „spannende Fälle“ – Bestell-Nr. 15 080
KOHL VERLAG

Auf Schatzkartensuche

(Sie finden jedoch zunächst nur eine Flasche mit einem Zettel darin. „Eine Flaschenpost!“, ruft Säbelzahn Sebi, während er den Brief auseinanderrollt. „Die ist leider nicht für uns“, stellt er fest. „Für die Klasse ___________ der _____________________________ Schule … steht dort!“

Hakenhand Hans wird etwas ungeduldig. „Der Schatz muss aber auch hier sein! Lasst uns weitersuchen!“, schlägt er vor.)

Plötzlich stößt Holger mit seinem Holzbein auf etwas Hartes. „Eine Kiste!“ Seine Stimme überschlägt sich fast vor Aufregung. „Hier ist der Schatz!“ Die gefundene Truhe ist groß und schwer. Holzbein Holger kann sie kaum allein aus dem gegrabenen Loch herausheben. Säbelzahn Sebi eilt ihm zur Hilfe.

Alle können es kaum erwarten, die Schatztruhe zu öffnen. „Nun mach doch schnell auf!“, fordert Hakenhand Hans. Holzbein Holger zittern die Hände vor Aufregung, als er den Deckel öffnet.

Erstaunt beugen sich die vier über den Inhalt. „Das kann doch wohl nicht wahr sein!“, mault Säbelzahn Sebi. „Was davon kann ich bitte Elvira schenken?“, entrüstet sich auch Holzbein Holger. Nur Hakenhand Hans ist begeistert. „Das ist doch toll! So viele neue Bücher!“ Schon hat er sich einen spannenden Piratenkrimi geschnappt. Tatsächlich ist die Schatzkiste mit Büchern gefüllt. Dazwischen befinden sich Taucherbrillen und Schwimmflossen.

„Das ist doch nur ein Teil des Schatzes!“, erklärt der Papagei. „Mit den Flossen und den Taucherbrillen könnt ihr nun zu den Perlenmuscheln tauchen. Ich bin allerdings nicht dabei. Ich möchte meine Flügel nicht nass machen.“ Holzbein Holger würde am liebsten sofort aufbrechen. „Na los, wir nehmen die Taucherausrüstung mit und suchen nach den Perlenmuscheln.“ Verärgert sieht Hakenhand Hans ihn an. „Die Bücher möchte ich auf jeden Fall auch alle mitnehmen“, verkündet er.

Auf Schatzkartensuche

Die Piraten haben nun einen anstrengenden Weg vor sich: mit der Schatzkiste bis zum Fjord, mit dem Floß auf die gegenüberliegende Seite, weiter durch den Palmenwald und im Beiboot zum Piratenschiff. Dort lichten sie sofort den Anker, umsegeln die Insel bis zu dem Strand an der Nordküste, vor dem die Muschelbänke liegen.

Schnell ziehen sich Hakenhand Hans und Holzbein Holger die Taucherflossen und die Taucherbrillen über. „Nun wird so viel geschnorchelt, getaucht und gesucht, bis wir die Kiste mit den gefundenen Perlen füllen können“, meint Holzbein Holger übermutig. Säbelzahn Sebi und der Papagei bleiben an Bord zurück und schauen den beiden nach. „Du musst dringend schwimmen lernen“, meint der Papagei, als er den traurigen und unsicheren Blick von Säbelzahn Sebi bemerkt. Denn auch Säbelzahn Sebi würde nun gerne nach Perlen tauchen. „Dort drüben ist das Wasser ganz flach“, zeigt ihm der Papagei einen Abschnitt am Strand. „Der perfekte Platz für eine Schwimmstunde!“, fügt er auffordernd hinzu. Säbelzahn Sebi nickt. Es wird wirklich allerhöchste Zeit, dass er schwimmen lernt.

Im Beiboot bricht er mit dem Papagei zum Strand auf und macht dort seine ersten Schwimmzüge. Der Papagei jubelt ihm aus der Luft zu.

Als es bereits dämmert, kehren alle zum Piratenschiff zurück: Säbelzahn Sebi mit seinen ersten Schwimmerfahrungen und Hakenhand Hans und Holzbein Holger mit unzähligen Perlen. „Wir haben die Muscheln nur ganz sanft und nur ganz leicht geöffnet und waren beim Herausnehmen der Perlen sehr vorsichtig, damit die noch lebenden Muscheln nicht verletzt werden“, erzählt Hakenhand Hans und zeigt stolz seinen Fund. Holzbein Holger träumt bereits davon die Perlmuttperlen Elvira zu überreichen. „Die sind nicht alle für dich“, erinnert ihn Hakenhand Hans, als Holzbein Holger fasziniert die Perlen durch seine Handflächen gleiten lässt. „Der Schildkröte müssen wir auch noch ihren Anteil bringen.“ Säbelzahn Sebi nickt. „Am besten wir segeln gleich zu ihr und feiern dort am Strand unseren Erfolg.“

KOHL VERLAG Lernen mit Erfolg
Krimigeschichten
Lesemotivation steigern durch „spannende Fälle“ – Bestell-Nr. 15 080

Auf Schatzkartensuche

Kurz darauf steht Hakenhand Hans am Steuer, Säbelzahn Sebi setzt die Segel und Holzbein Holger bastelt aus den Perlmuttperlen Ketten für die Schildkröte und für Elvira.

Als sie vor dem Strand den Anker werfen, machen sie sofort das Beiboot klar. Hakenhand Hans nimmt eines der neuen Bücher und seine Hängematte mit an Land. Hoffentlich kann er gleich in Ruhe in den neuen Lesestoff hineinschauen. Säbelzahn Sebi hat nun nicht mehr so große Angst beim Einsteigen ins Beiboot, da er endlich schwimmen kann. Glücklich winkt er der Schildkröte zu, die ihnen schon erwartungsvoll entgegenschaut. In Holzbein Holgers Hosentasche befinden sich zwei wunderschöne Perlmuttperlen-Ketten. Davon wird er eine gleich der Schildkröte überreichen.

Zufrieden sagt er zu seinen Freunden: „Die Schatzkartensuche hat sich total gelohnt.“ Dem können Hakenhand Hans und Säbelzahn Sebi nur zustimmen. „Das war ein tolles Abenteuer!“

Legematerial: Auf Schatzkartensuche

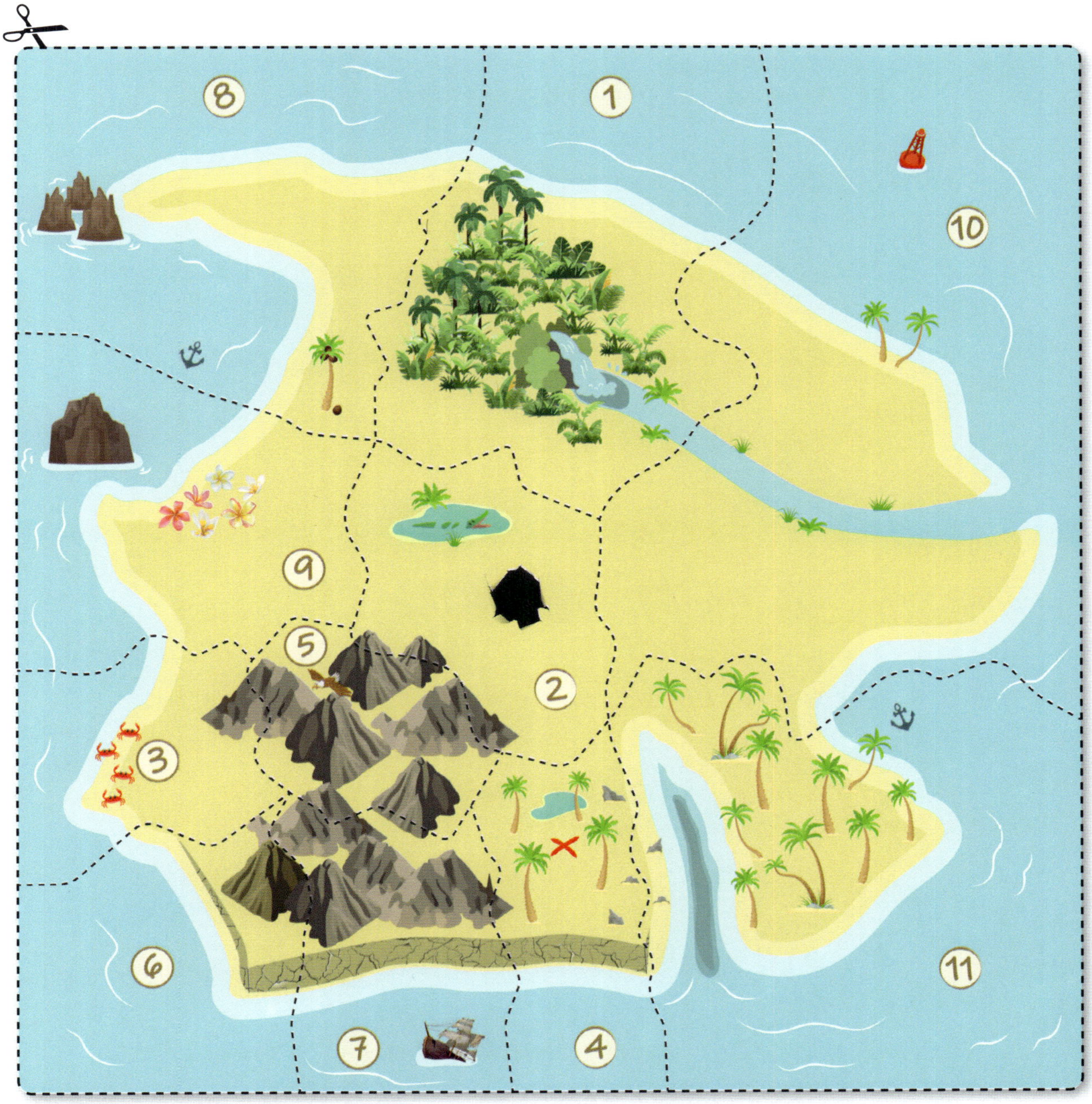

Legematerial: Auf Schatzkartensuche

Weitere Reichtümer liegen bereit,
unter der Wasseroberfläche, nicht weit.
Eine Bank mit Perlenmuscheln liegt verborgen,
sucht und wartet nicht bis morgen.
Tauchen müsst ihr vor dem Strand,
an der Nordküste, direkt im Sand.
Nutzt die Flossen und die Brillen!
Schwimmt durch die Felsenrillen
bis zu den ersten flachen Stellen,
gut geschützt vor großen Wellen.
Viel Erfolg und ganz viel Glück,
kehrt wohlbehalten nach Haus´ zurück!

Legematerial: Auf Schatzkartensuche

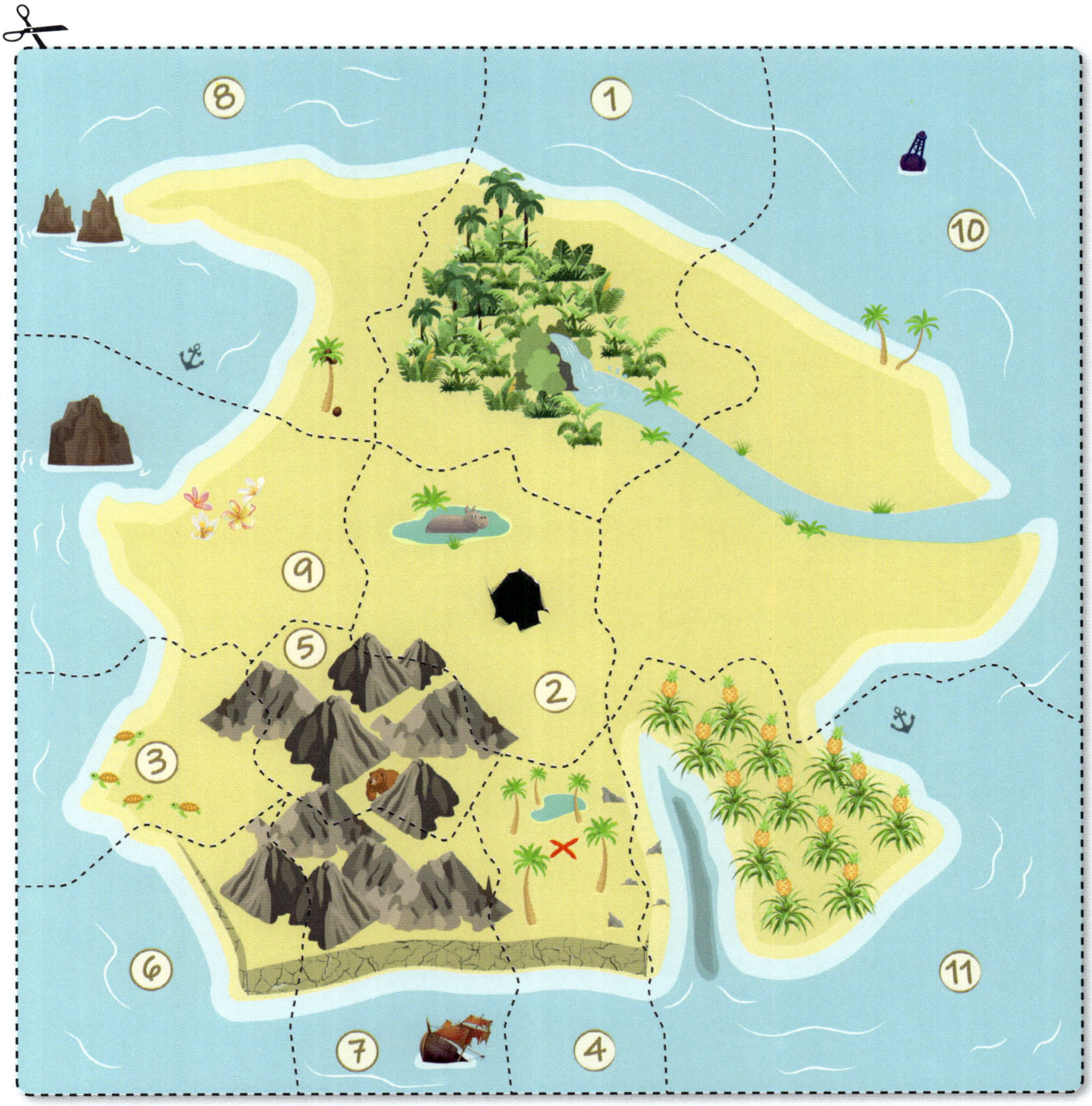

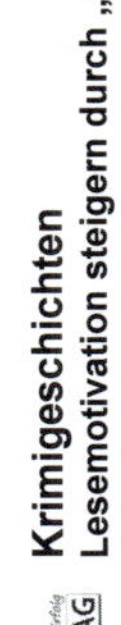

Krimigeschichten
Lesemotivation steigern durch „spannende Fälle“ – Bestell-Nr. 15 080

Legematerial: Auf Schatzkartensuche

Fahrt erneut um die Insel herum.
Setzt die Segel! Fragt nicht warum?
Denn am Schiffswrack, gar nicht weit
liegt etwas für euch bereit.
Brillen und Flossen braucht ihr nicht.
Denn unter Wasser ist nichts in Sicht.
Tauchen wäre vertane Zeit.
Macht euch zu einer Klettertour bereit.
Denn in den Mastkorb - ganz weit oben -
wurde ein Schatz hineingeschoben.

Legematerial: Auf Schatzkartensuche

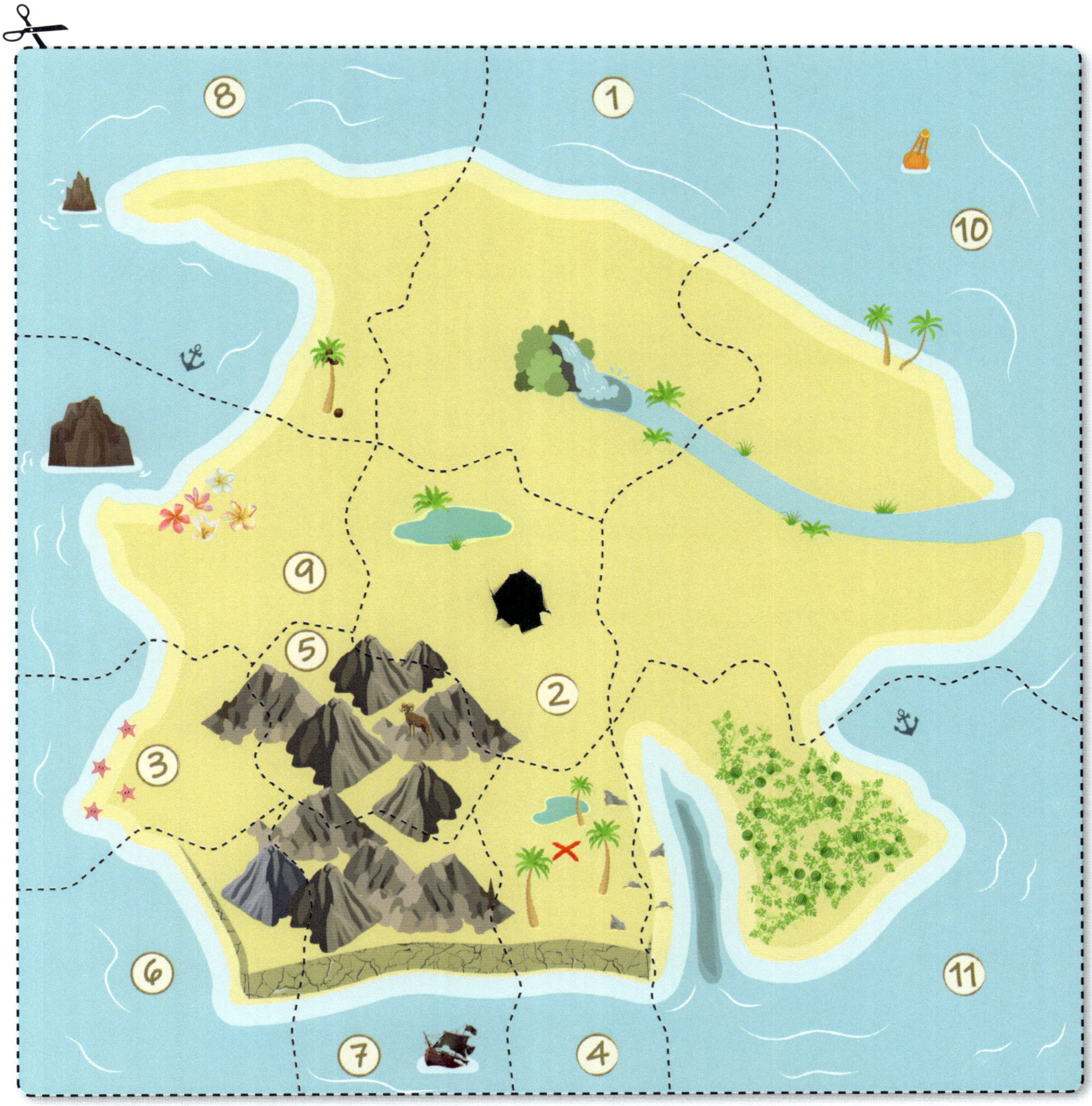

Krimigeschichten
Lesemotivation steigern durch „spannende Fälle" – Bestell-Nr. 15 080

Legematerial: Auf Schatzkartensuche

Weitere Schätze sind nicht weit weg.
Schaut genau nach am großen Heck.
Denn euer Schiff birgt eine Schatztruhe,
suchen könnt ihr sie in Ruhe.
Kehrt dazu zurück zum Boot
und sucht nach einer Box in rot.
Zwischen Flagge und Rettungsring
ist das gesuchte kostbare Ding.
Was mag wohl darinnen sein?
Schaut am besten schnell hinein.

Kopiervorlage: Auf Schatzkartensuche

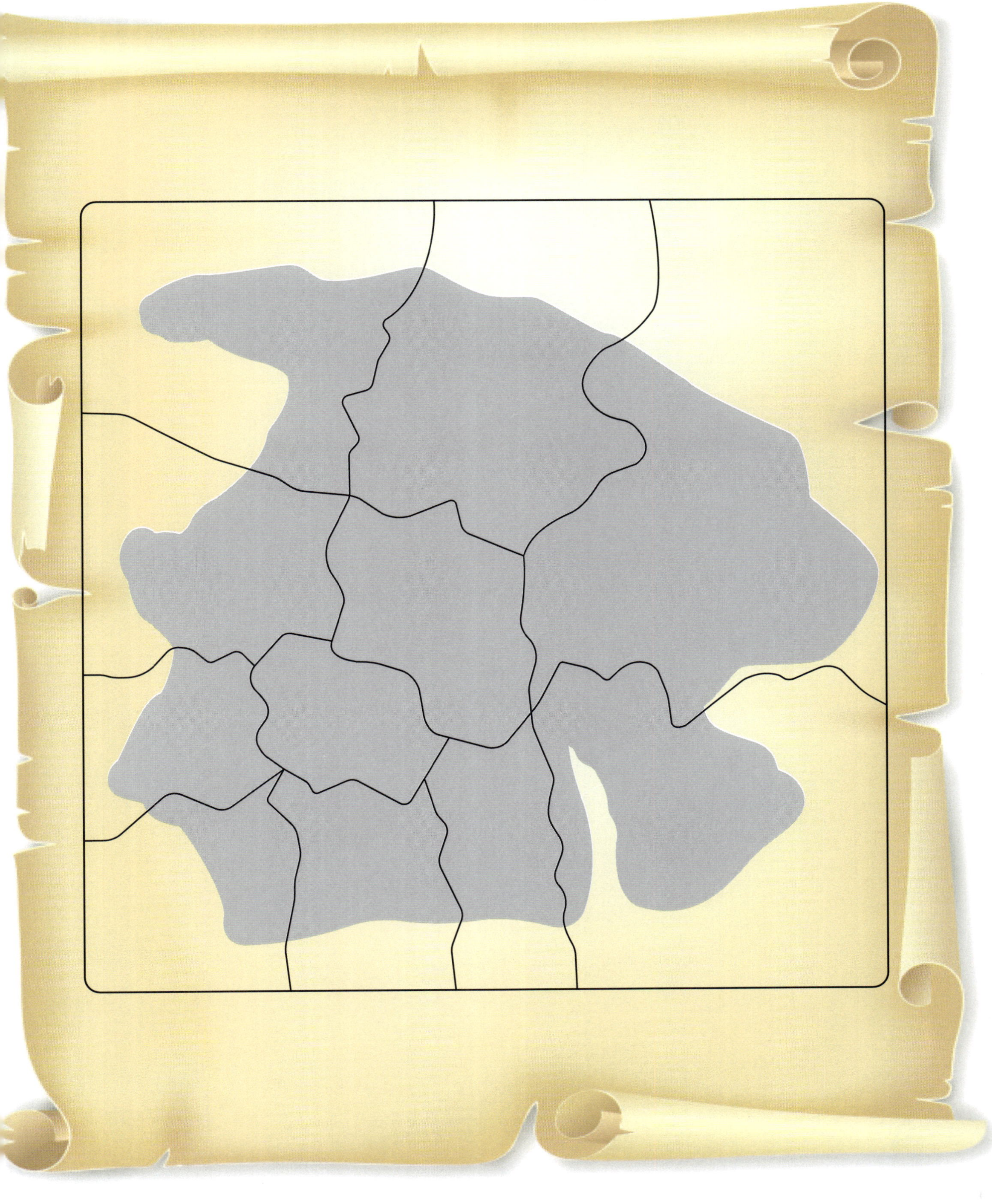

Kopiervorlage: Auf Schatzkartensuche

Kopiervorlage: Auf Schatzkartensuche

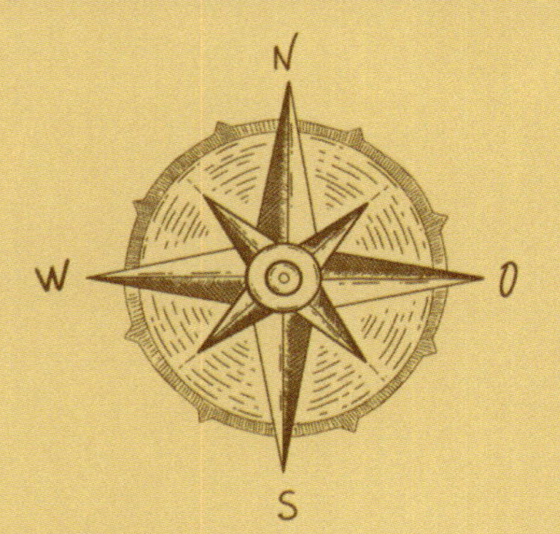

Schätze gibt es bei uns auch.
Kommt und macht davon Gebrauch!
Sucht mit einem Kompass nun.
So viel gibt´s gar nicht zu tun.
Geht zuerst vom Startpunkt
(______________________)
______________ Schritte
nach ______________________.
Dann __________________ Schritte
nach __________________.
und nun ______________________ Schritte
nach ______________________.

KOHL VERLAG Lernen mit Erfolg

Kopiervorlage: Auf Schatzkartensuche

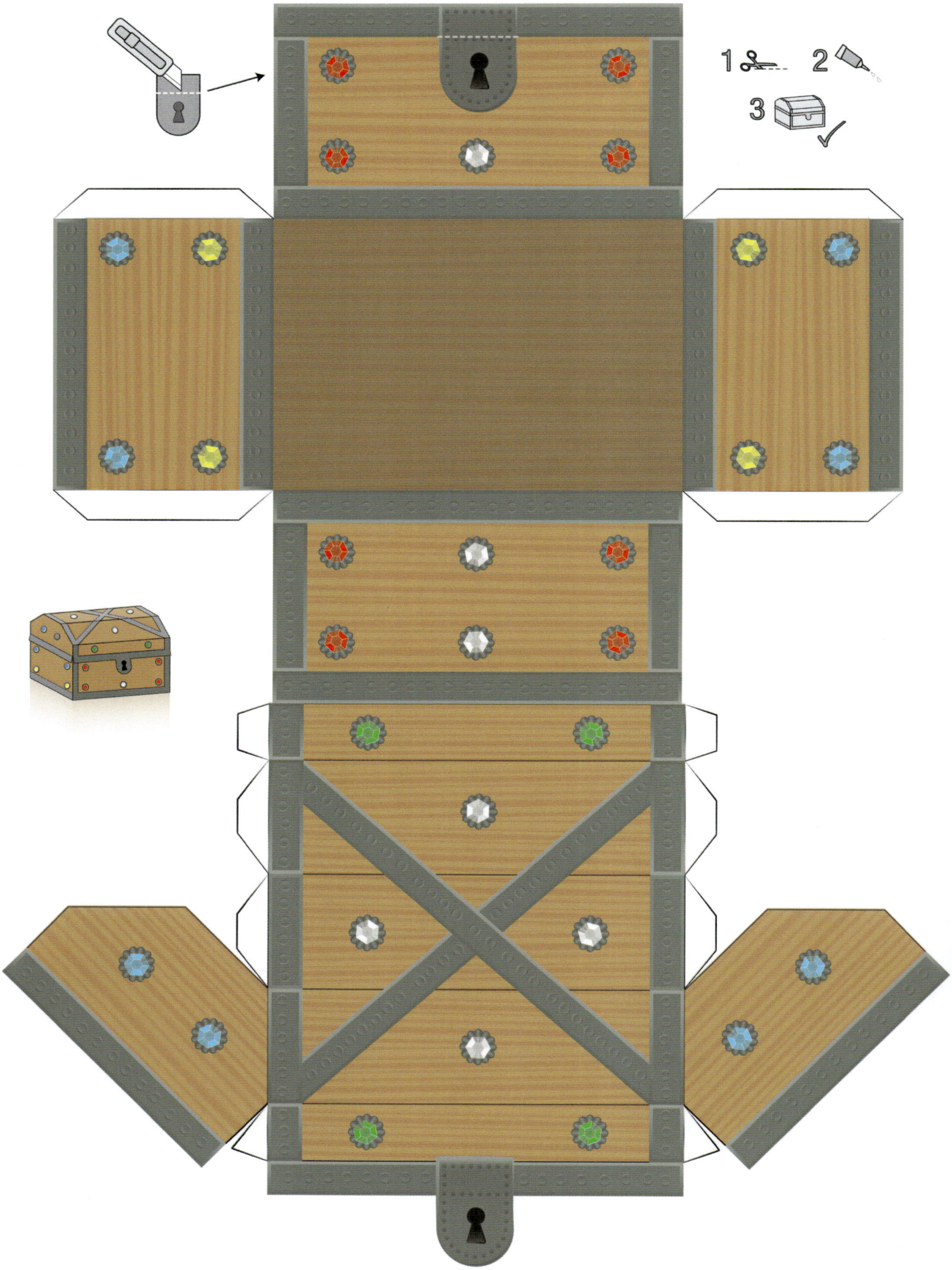

1 2 3

Bildquellen

Bildquellen © AdobeStock.com:

S. 6-54: siraanamwong;
S. 6-10, S. 18-27, S. 31-44: warmworld;
S. 2: Tetastock;
S. 4: Mykola Syvak;
S. 6: alex83m, PixlMakr, zzve, Christine Wulf;
S. 7: Roman, Sensvector;
S. 8: shockfactor.de;
S. 9: ABUATOP, studio uguisu;
S. 10: ShadowStocks;
S. 11+13: olllikeballoon, pict rider, Christine Wulf, terraincognita, Mykola Syvak, MoJXStudio;
S. 12+14: Nastia;
S. 15: Sentya, pict rider, Christine Wulf, Dmitry Fokin, MoJXStudio, Rey;
S. 16: Christine Wulf, Mykola Syvak, HappyPictures, neonfactory12;
S. 17: Christine Wulf, Mykola Syvak, HappyPictures, neonfactory12, Nastia;
S. 18: hobbitfoot, Robert Kneschke;
S. 19: Mykola, samuii, bentoe, Jyll;
S. 20: thruer, Robert Kneschke;
S. 21: swiitery;
S. 22: samuii, Sunnydream, FARBAI;
S. 23: blueringmedia;
S. 24: blueringmedia, Bildwasser, Third Stone, swiitery;
S. 25: sommaria, VRD, shade94;
S. 26: Robert Kneschke;
S. 27: Jyll, SK;
S. 28: lokuukan;
S. 29: bsd studio;
S. 31: sudowoodo, Johnstocker (2x), Катерина Тышковская,
S. 32: Alfmaler;
S. 33: Gina Sanders, vectorgirl;
S. 34: Dumitru;
S. 35: Swapan, betka82;
S. 36: sudowoodo;
S. 37: naddya, Milya Shaykh;
S. 38: Christos Georghiou, nikiteev, Татьяна Гончарук;
S. 39: brgfx;
S. 40: Johnstocker (2x);
S. 41: strichfiguren, Johnstocker, GraphicsRF;
S. 42: ssstocker, Bondarau, Graphic Mall, BNP Design Studio;
S. 43: Johnstocker, denisik11, Co-Design;
S. 44: PCH.Vector, sudowoodo, Sergii Syzonenko;
S. 45-47: Lexi Claus, Zaharia Levy, Tartila, Phichto, YG Studio, Gennady Poddubny, lv85, pisut, Andrey1055, PCHVector, klyaksun, denayune, naddya, wooster, ylivdesign, valadzionak-volha, Kazakova Maryia;
S. 51+52: rustamank;
S. 53: oldesign;
S. 54: Peter Hermes Furian

Deutsch & Sprache

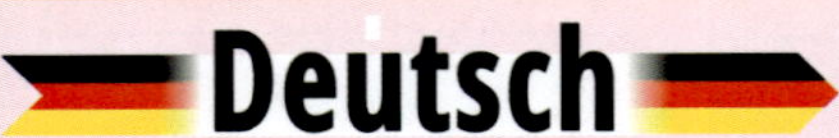

Gary M. Forester

Die Satzglieder ... kurz & knapp!

NEU ab Dez.

Das richtige Erkennen und Benutzen möglicher Satzglieder ist die Voraussetzung, um einen bestimmten Inhalt darlegen zu können oder diesen zu erfassen. Dieser Band beinhaltet mehrteiliges Legematerial rund um das Thema „Die Satzglieder". Werden die Kärtchen passend am Mittelstück angelegt, entsteht ein mehrgliedriger Stern, welcher als Kontrolle und Bestätigung der richtigen Lösungen dient.

3 4 5 6 7

FARBIG | 24 S. | 15 069 | ab 14,49 €

Gary M. Forester

Die Wortarten

Übersichtlich • anschaulich • verständlich

Die Wortarten als Legematerial – die Sternlegeform ergibt eine anschauliche Übersicht. Erklärt werden die wesentlichen Merkmale, die sowohl durch einzelne Beispiele als auch durch jeweils ein Beispiel im Satzzusammenhang veranschaulicht werden. Dabei werden die Schüler dazu angeregt, eigene Beispiele zu finden bzw. die Wortart innerhalb eines Satzes zu erkennen.

2 3 4 5 6

FARBIG | 24 Seiten | 15 035 | ab 14,49 €

Gary M. Forester

Die Zeiten ... kurz & knapp!

Alle Zeitformen im Überblick anschaulich und verständlich in Sternform gelegt. Die Vorderseite erklärt das Aktiv, die Rückseite das Passiv in allen Zeitformen. So ist diese Form der Grammatik für viele Klassenstufen einsetzbar. Je nach aktuellem Wissenstand wird Aktiv oder Passiv gelegt, geübt und verstanden. Die deutsche Grammatik zu verstehen dient auch als Grundlage für das Verstehen der Fremdsprachengrammatik. Eine zusätzliche Übersichtskarte dient als schnelle Hilfestellung.

3 4 5 6 7

FARBIG | 24 Seiten | 15 024 | ab 14,49 €

Gary M. Forester

Die Fälle ... kurz & knapp!

Ein mehrteiliges Legematerial rund um das Thema „Die Fälle". Die Kärtchen müssen passend am Mittelstück angelegt werden, sodass ein mehrstrahliger Stern entsteht. Aufgegriffen werden die Themen: „Wie fragt man im jeweiligen Fall" oder „Wie werden Wörter in den vier Fällen gebeugt?". Außerdem werden die Schüler dazu angeregt, selbst Fälle zu erkennen. Das Material eignet sich sowohl für die Freiarbeit als auch für die Arbeit im Klassenverband.

3 4 5 6 7

FARBIG | 24 Seiten | 15 046 | ab 14,49 €

Gary M. Forester

Teekesselchen Wörter mit mehreren Bedeutungen

Die deutsche Sprache bietet Begriffe mit mehreren Bedeutungen, was zu kuriosen Situationen führen kann. Im Mittelpunkt steht das Kennenlernen der wichtigsten Ausdrücke von ...

1. *Begriffen mit gleicher Schreibweise aber mehrfacher Bedeutung (Homographie) sowie ...*
2. *gleichklingenden Begriffen mit unterschiedlicher Schreibweise (Homophonie).*

2 3 4 5 6

FARBIG | 48 Seiten | 15 023 | ab 17,49 €

Wolfgang Schmidt

Silbenlesen Lautgetreues Lesematerial

Erstlesematerial für das Erstlesen nach Silben mit lautgetreuen Wörtern. Das Paket besteht aus Legeplatten mit zwei- bzw. dreisilbigen Wörtern. Die Kinder ordnen die Kärtchen mit den Silben den entsprechenden Abbildungen zu. Auf die Groß- und Kleinschreibung wird besonders geachtet!

1 2

FARBIG | 21 Seiten | 24 039 | 16,80 €

Wolfgang Schmidt

ABC-Klammerkarten ... für die Lautschulung

Je Laut gibt es eine A4-Karte mit zwölf Bildchen. Die Kinder bestimmen, ob der jeweilige Laut im Begriff vorkommt. Dabei ist die Position des Lautes im Wort noch nicht relevant. Auch für die Begriffsbildung oder Rechtschreibübungen geeignet.

1 2 3

FARBIG | 21 Seiten | 24 031 | 16,80 €

Gabriela Rosenwald

Märchendichter & -sammler

Vier bekannte Märchenerzähler und ihre Werke

Märchendichter erfanden ihre Märchen meist selbst. Die wohl berühmtesten Märchenschreiber sind Hans Christian Andersen und Wilhelm Hauff. Volksmärchen lassen sich keinem bekannten Autor zuordnen. Es handelt sich um mündlich überlieferte Geschichten, die von Märchensammlern (z.B. den Brüdern Grimm) aufgeschrieben und verbreitet wurden. Vor einigen Jahrhunderten gab es noch keine Bücher, so konnte man Märchen auch nicht vorlesen. Sie wurden immer wieder erzählt und bestanden so fort.

1 2 3 4 5 6 7

FARBIG | 28 S. | 15 059 | ab 14,99 €

Gary M. Forester

Märchenstunde

Märchen in einem wunderschönen Legestern

12 bekannte Märchen werden in zwei Sternen dargestellt. Durch Anlegen der Bilder ergibt sich der Text. Die Bilder wirken ansprechend und passen zu den alten, immer wieder schönen Geschichten.

Inhalt: *Rotkäppchen; Der Wolf und die sieben Geißlein; Hänsel und Gretel; Dornröschen; Aschenputtel; Schneewittchen; Frau Holle; Tischlein deck dich; Die Bremer Stadtmusikanten; Der Hase und der Igel; Rumpelstilzchen; Der Froschkönig*

1 2 3 4 5 6 7

FARBIG | 40 Seiten | 15 011 | ab 17,49 €

Gary M. Forester

Fabelstunde

Mit motivierenden Bildern und Texten werden 12 bekannte Fabeln in zwei Sternen gelegt. Neben Fabeln von James Thurber, Gotthold Ephraim Lessing u.a. werden 6 Fabeln von Aesop kennengelernt.

Inhalt: *Die Frösche im Milchtopf; Der Löwe und das Mäuschen; Der Fuchs und die Trauben; Der Hund und das Stück Fleisch; Zwei Freunde und ein Bär; Der Esel und der Fuchs; Die Kaninchen, die an allem schuld waren; Zeus und das Pferd; Ameisendank; Die ziemlich intelligente Fliege; Jupiter und das Schaf; Der Hirsch und die Jäger*

1 2 3 4 5 6 7

FARBIG | 40 Seiten | 15 018 | ab 17,49 €

Gabriela Rosenwald

Große Dichter ... und ihre Werke

Ihr Leben, ihr Wirken, ihre Werke

Mit einem 10-strahligen Stern lernen die Schüler bedeutende deutsche Dichter kennen. Sie erfahren das Wichtigste über das Leben der Künstler und ihre bekanntesten Werke. Die Bilder aus den Jahren von 1700 bis 1900 versetzen einen in die damalige Zeit. Im Sinne Maria Montessoris werden die verschiedenen Persönlichkeiten selbstständig erforscht.

4 5 6 7 8 9 10 11-13

FARBIG | 48 Seiten | 15 044 | ab 17,49 €

Autorenteam Kohl-Verlag

Krimigeschichten

Lesemotivation steigern durch „spannende Fälle"

NEU ab März

Kinder lieben spannende, mysteriöse und auch lustige Geschichten zu lesen und diese in Gedanken selber mitlösen zu können. Ihre Fantasie wird angeregt und die Lesefähigkeit gestärkt. Ein Erfolgserlebnis stellt sich ein, da der Fall auf jeden Fall gelöst wird.

3 4 5 6

FARBIG | 40 Seiten | 15 080 | ab 17,49 €

Autorenteam Kohl-Verlag

Fantasiefiguren

NEU ab April

Sieben mystische Wesen stellen sich vor

Wer erinnert sich nicht an „seine" Fantasiefiguren, die nur in seinem Kopf lebten. Wie wohltuend war es oft, mit ihnen sprechen, lachen, weinen und auch einfach schweigen zu können. Gerade in der heutigen Zeit brauchen Kinder einen „Rückzugs-Ort", an dem sie ganz sie selbst sein können und alles möglich ist.

3 4 5 6

FARBIG | 40 Seiten | 15 081 | ab 17,49 €